充足理由律的四重根

——一篇哲学论文

"它给我们的心灵灌输四数,它们乃是永恒不息创造的源泉和根源。"

——毕达哥拉斯誓词

目　录

第二版序言

我这篇为获取博士学位而最初在 1813 年问世的早期哲学论文,后来又成了我的整个体系的基础。因此,不能让它像近四年来我所不知道的那样继续售缺了。

另一方面,把这样一部青年时期的著作连同它的全部错误和缺陷一并再次公之于世,对我来说似乎是不负责任的。因为我清楚,要不了多久,我就没有能力再来修正它了;而到那时也将是我真正产生影响的时期,我相信,这将是一个很长的时期,因为我坚定地信守着塞涅卡的诺言:"即使嫉妒曾使你同时代的人都保持沉默,也总会有人出来公正地做出中肯判断的。"① 因此,我对这部年轻时的著作做了力所能及的改进,并且,考虑到生命的短暂和难以把握,我甚至必须把这看作是一个特别的机遇,能在 60 岁的时候去修正我在 26 岁时写的东西。

然而,我在这样做的时候,是打算宽容地对待年轻时的我自己,并且尽可能地让他自由地讨论乃至畅所欲言。只是在他提出了不正确的或多余的东西时,或者忽略了最精彩的方面时,我才不得不打断他的讨论进程。而这种情况又是经常地出现的,这就使

---

① 塞涅卡:EP.79。

我的一些读者也许会想象,他们是在听一位老人大声地朗读一本年轻人写的书,然而又不对地把它抛在一旁,以便沉浸在同一主题本身的细节之中。

不难看出,一部这样地被修正了并经过如此长期间隔的著作,是不能达到那种只有一气呵成的著作才具备的统一性和完美性的。甚至从风格和表达上也能发现如此巨大的差异,使得任何聪明的读者,都会怀疑自己是在听一位老年人还是在听一位年轻人讲话。因为一位年轻人在信心十足地提出自己的论证时的温和而谦逊的语气(因为这位还是相当单纯的年轻人十分认真地相信,一切致力于哲学的人都只在于追求真理,而且只要是在追求真理的人都是有价值的),与一位老年人(这位老年人随着时间的推移,不可避免地发现了唯利是图的趋炎附势之徒的上流社会的真实特征和目的,并且自己也坠入其中)的坚定的但有时又是刺耳的音调形成了鲜明对照。而且,假如他偶尔也随意地发泄自己的愤怒的话,公正的读者是很难加以挑剔的;因为我们看到了当宣称以真理为唯一目的的那些人总是在关注着他们顶头上司的各种意图,以及当"上帝是可以用任何一种材料来进行塑造的"(阿普列乌斯:《魔法》XLIII)延及最伟大的哲学家,而且像黑格尔这样笨拙的**骗子**也厚颜无耻地跻身此列时所导致的后果。的确,德国哲学正备受着其他民族的轻蔑和嘲笑,被赶出了全部真正科学的领域,就像是为了肮脏的收入而今天卖身于这个人、明天卖身于那个人的妓女;当今一代**学者**的头脑被黑格尔的胡说搅乱了:他们不会反思,既粗俗又糊涂,完全沦为一种从蛇妖的蛋里爬出来的浅薄的唯物主义的牺牲品。多么幸运!下面言归正传。

这样,我的读者就将只得原谅这篇论著中语气上的差别了;因为我在这里不能像我在我的主要著作中所做的那样,以后再在一个专门的附录中加以增补。而且,让人们知道哪些是我在 26 岁时写的,哪些是我在 60 岁时写的,也是无关紧要的;真正重要的事情是,那些想通过哲学研究的基本原则来获得坚实的依据和明确的见识的人,将会从这本小薄书中获得一点内容,以便能够学到一些本质的、牢固的和真实的东西:我希望这将是问题的所在。对某些部分提出的进一步阐述,现在甚至已经发展成为一种关于整个认识能力的简要的理论,并且这种理论通过把自身严格限制在关于充足理由律的探讨上,从一个新的特殊的侧面揭示了问题;而它后来又在《作为意志和表象的世界》的第一卷中和第二卷的有关章节中,以及在我的《康德哲学批判》中得到了完成。

A. 叔本华

1847 年 9 月于美因河畔法兰克福

第一章　绪论

§1　方法

　　神妙非凡的柏拉图和令人惊异的康德一致用深沉有力的口气，推荐了一条作为一切哲学研究以及一切科学方法的原则。[①]他们说，我们应当同等地遵守两个法则，即**归同法则**（Homogeneität）和**分异法则**（Specifikation），而不能有所偏废。**归同法则**指引我们按照事物之间的相似之处与共同点，把它们归结为一些类，然后进一步把这些类归结为种，再由种归结为属，等等，一直到最后得到一个包罗万象的最高概念。由于这条法则是先验的，即对于我们的理性来说是本质的，所以它预先就假定了自然同它自身的一致，这一假设在一条古老的规则中得到了表达："如无必要，切勿增加实体的数目。"反之，关于**分异法则**，康德是这样说的："不要轻率地减少实体的多样性。"这就要求我们，应当把包含在一个综合概念中的不同的属彼此加以区分；同样，我们也不应当混淆包含在每一

---

　　① 柏拉图：《斐力布斯篇》，第 219—223 页；《政治篇》，第 62、63 页；《斐德罗篇》，第 361—363 页。康德：《纯粹理性批判》，先验辩证论附录。

个属中的较高级的种和较低级的种；我们还应当注意不要跳过任何下级的种，并且绝不要直接地在综合概念下面把它们加以分类，更不必说个别的事物了：因为每一个概念都是允许向下进行分类的，并且没有任何概念可以退回到单纯的直观。康德教导说，这两个法则是我们理性的"超验的"基本原则，它们先验地假定了与事物的一致性；当柏拉图告诉我们说，这两个使所有科学得以产生的法则是得赐于众神宝座上的普罗米修斯之火，他看来也是在用自己的方式表达了同一个思想。

§2　这种方法在目前场合中的运用

尽管这种推荐很有分量，但我发现这两个法则中的第二个，却极少应用于我们一切知识的一个基本原则，即充足理由律这个原则。因为，虽然这个原则经常并早已被一般地陈述了，但对于它的那些极不相同的运用却没有做出足够的区分，而它在每一个这种极不相同的运用中都获得了新的意义，从而它在各种思维能力中的起源也就变得清楚了。如果我们将康德的哲学和所有前人的体系做一个比较，我们就会发觉，正是在我们对我们思维能力的观察上，许多根深蒂固的错误乃是出自对于归同法则的运用，而与之相对立的分异法则却被忽略了；但是分异法则却导致了巨大的非常重要的成果。因此我希望能允许引用康德的一段话，这段话特别强调了作为我们知识源泉的分异法则，这对于我现在的努力也是一种支持："最重要的是把在种类和起源上与其他知识不同的各种知识**分离出来**，并且非常细心地避免使这些知识混同于那些在实践的目的上一般是与它们联在一起的其他知识。哲学家更有责任去做化学家在元素分析和数学家在纯数学方面所做的事情，以便能够清楚地阐明在知识的滥用中属于知识的一个特殊种类的那一部分，及其特有的价值和影响。"①

§3　这一研究的有用性

如果我能成功地指明，这个构成我们研究主题的原则并不是直接地产生于我们理智的**一个原始**观念，而是产生于**一些不同的**观念，那么就可以推知，它作为先天确定的原则而自身表现出来的必然性，在任何情况下都不是**一个**并且是**同样的**；相反，它必定是与这一原则本身的来源一样是多重的。因此，谁要是把自己的结论建立在这个原则之上，他就有责任清楚地阐明他的结论由以建立的那种特殊的必然基础，并且把这个基础用一个特殊的名字来表达（这正是我所要指出的）。我希望这样做将使我们在进行哲学思考的时候，能够更加清楚和准确；因为我认为，我们必须借助于对每一单个表述的精确定义来获得最大限度的明确性，这是抵制谬误和故意欺骗的手段，也是保证我们永久地、牢固地占有我们在哲学领域中每一个新获得的观念而不必害怕因为任何误解和可能在后来发现的歧义而使它得而复失。真正的哲学家总是追求真知灼见，并力图使自己像一个瑞士的湖泊而不像那混浊而湍急的山洪，——瑞士的湖泊以她的平静而将幽深与清澈结合起来，正是由

---

① 康德：《纯粹理性批判》，先验方法论，第 3 章。

于清澈而使幽深自身得到了展示。瓦文纳格斯(Vauvenargues)说道："La clart'e est la bonne foi des philosophes"(明晰性是哲学论证的信用证)①。相反，那些伪哲学家，他们的那些措辞，实际上并不像塔里兰特说的那样是为了掩饰他们的思想，而是要掩盖他们的空虚，并且往往要读者为他们的不可理解的体系负责，这种体系其实是产生于他们的混乱思想本身。这就说明了为什么在某些哲学家那里——例如在谢林那里——教训的口气是如此经常地变成了指责的口气，并且读者常常由于假定的缺乏理解能力而事先就受到挑剔。

§4　充足理由律的重要意义

充足理由律的确具有极其重要的意义，因为它可以真正地被称为一切科学的基础。所谓**科学**就是指一个观念的**体系**，也就是一个与彼此无联系的观念的单纯堆积相对立的由互相联系着的观念构成的总体。然而，把这个体系中的各个成员组织到一起的，如果不是充足理由律，又是什么呢？把每一种科学同单纯的观念堆积区分开来，恰恰就是说这样的观念都是从它们的理由那里由此及彼地推导出来的。所以，柏拉图很早以前就注意到了："即使是些真实的观念，如果不是有人通过因果的证明而把它们联系到一起，也不具有多大的价值。"②而且，正如在我们的研究进程中将

---

① 瓦文纳格斯：《反思与准则》，第 729 页。

② 柏拉图：《曼诺篇》，第 385 页。

会看到的，几乎每一种科学中都包含着一些可以由之而推演出结果的原因的观念，同样，也包含着其他一些来自于理由的作为结论的必然性观念。对此，亚里士多德曾这样表述道："一切理智的或在某种程度上具有理智的知识，都涉及了一些原因和原则。"①这样，正是由于一切事物都必定有其理由的先验假设，它使我们有权利在任何地方都可以去探求**为什么**，我们才能够有把握地把这个**为什么**称为一切科学之母。

§5　关于充足理由律本身

我打算进一步表明，充足理由律是与某些先验的观念相通用的一种表达。同时，它也必须按照这样或那样的公式来被陈述。我选择了沃尔夫的一个最富有内容的公式："任何事物都有其为什么存在而不是不存在的理由。"②

---

① 亚里士多德：《形而上学》，第 1 卷。
② 《本体论》，§70。这是叔本华对沃尔夫公式的一个随意的解释。——英译者

第二章　迄今有关充足理由律的
最重要观点概述

§6　充足理由律的第一个表述以及其中
两种含义之间的区别

对这样一个一切知识的基本原则来说，一个多少是精确规定了的抽象表达，肯定在很早的时候就有了；因此，断定它最先是出自何处，乃是一桩困难的事情，而且也没有多大意思。不论是柏拉图还是亚里士多德都没有正式地将它表述为一个具有指导意义的基本原则，虽然他们经常地把它表述为一个不证自明的真理。所以，与我们这个时代的批判性研究相比，柏拉图的说法具有一种天真质朴的风格，这同他在谈到善与恶的知识的情形时是相反的。他说："事物的发生都是必然的，都将由于某种原因而发生；否则它们怎么会发生呢？"[①]又说："一切发生的事物，必然来自某种原因；因为没有原因，任何事物都是不可能产生的。"[②]普鲁塔克在他的著作《命运》的末尾（c.11），引证了斯多噶学派的一个主要命题：

---

① 柏拉图：《斐力布斯篇》，第 240 页。
② 柏拉图：《蒂迈欧篇》，第 302 页。

"看来这是一个尤其首要的原则:没有无原因而产生的事物,每一事物都遵循其在先的原因。"

在《后分析篇》Ⅰ,2中,亚里士多德对充足理由律做了某种程度的陈述,他说:"一旦我们认为我们知道了使一件事物成其所以然的原因,这原因是该事物的真正原因,并且该事物不可能是别的事物时,我们就认为我们完全理解了这个事物。"而且,在他的《形而上学》中,他已经把原因,或者说原则(αρχαι),划分成不同的种类①,他在那里列出了八种;然而这种划分既不深刻也不十分精确。但无论如何,他这样说是完全正确的:"一切原则的共同之处就在于,它们是最初的东西,任何事物都是通过这种最初的东西而存在,或者发生,或者被认识的。"在接下来的一章里,他对各种不同原因进行了区分,尽管这里有些肤浅和混乱。在《后分析篇》的Ⅱ,11中,他以一种比较令人满意的方式陈述了四种原因:"存在着四种原因:其一,事物本身的本质;其二,事物存在的必要条件;其三,最初使事物运动起来的东西;其四,事物所趋向的目的。"这就是经院哲学家普遍采用的把原因划分为质料因、形式因、动力因以及目的因的起源,正如我们在《苏阿茨形而上学争论录》这部真正的经院哲学纲要中所见到的那样②。甚至霍布斯也仍然引用并解释了这种划分③。这种划分在亚里士多德的另一个段落(《形而上学》卷Ⅰ、章3)中也可以见到,他在这里讲得多少是更清楚一些

① 《形而上学》,第4卷,第1章。
② 《苏阿茨形而上学争论录》,争论12,第2,3节。
③ 霍布斯:《论物体》,第2部分,第10章,§7。

并得到了充分的展开。在《梦与醒》一书第二章中，我们再一次看到了有关这个问题的简要论述。但是，对于**理由**（Grund）和**原因**（Ursache）之间的至关重要的区别，亚里士多德无疑是违背了他在《后分析篇》Ⅰ.13 中的论点，在那里，他用了相当长的篇幅说明，认识和证明一个事物的存在与认识和证明它为什么存在是完全不同的。他把**后者**称为关于原因的知识，而把前者称为关于**理由**的知识。然而，如果他十分清楚地看到了这两者之间的区别，他就绝不会忽略这一点，而将会把这种区别贯彻到他所有其他的著作中去。但事实并非如此。因为，甚至在他力图将各种原因彼此分开时，正如我们上面提到的那些段落中那样，这种本质的区别在这一章里只是间接地被提出，而以后就似乎再也见不着了。此外，对于每一种原因，他都不加分析地使用了 αιτιον 这一术语，他实际上经常把认识的理由，有时甚至是结论的前提，称之为 αιτιας：例如，在他的《形而上学》的Ⅳ.18；《修辞学》的Ⅱ.21；以及《植物学》的Ⅰ第 816 页中，而尤其是在《后分析篇》的Ⅰ.2 中，他把一个结论的前提简明地称作 αιτιαι του συμπερασματος（结论的原因）。这样，用同样的词来表达两个紧密相联的概念，这就确实表明这两者的区别并没有被看到，或者至少也是没有被紧紧抓住；这与偶然出现的那种同字异义的情况完全不同。而这一错误最明显不过地表现为在《诡辩论的反驳论证法》一书的第五章中，他把诡辩论规定为：non causa ut causa, παρα το μη αιτιον ώς αιτιον（根据似是而非的原因而进行推论）。在这里，他把 αιτιον 仅仅单纯地理解为论证，理解为前提，因而理解为认识的理由，这种诡辩论就在于正确地证明了一些事物的不可能性；然而，这种证明与我们所争论的命题是无任何关系的,它仍须予以驳斥。因此,在这里根本不存在物理学上的原因问题。然而,αιτιον 这个词的使用对于现代逻辑学家来说意义是如此重大,他们主张这是对并非在语言的基础上产生的谬误的唯一解释,并将根据一个似是而非的原因而产生的谬误解释为对事实并非如此的物理原因的说明。例如雷马鲁斯(Reimarus)就是这样做的,还有舒尔茨(G. E. Schulze)和弗里斯(Fries)——以及我所闻知的其他人。我发现,第一个对这种诡辩论做出正确定义的著作,是特魏斯顿(Twesten)的《逻辑学》。并且,在所有其他的科学著作和争论中,对根据一个似是而非的原因而产生的谬误的指责往往是在揭露错误的原因的介入。

塞克斯都·恩披里柯指出了古典作家的方法的一个有说服力的例子,古典作家普遍倾向于用这种方法将认识的理由的逻辑规律同自然界中超验的因果规律加以混淆,一再地错把一个当成了另一个。在《反数学家》的第九卷,亦即《反物理学家》的第 204 节中,他对因果律进行了证明,指出:一个人如果断言并不存在原因(αιτια),那么他的这一断言本身就或者没有原因(αιτια),或者有一个原因。如果是前者,这种断言与其说是真理,不如说是矛盾;如果是后者,他的断言本身就证明了原因的存在。

由此可见,古典作家并未达到在作为结论的基础的理由与作为真实事件产生的原因之间做出明确的区分。至于后来的经院哲学家,因果律在他们的心目中是一个超越于研究领域的公理。苏阿茨(Suarez)说:"我们并不研究原因是否存在,因为没有任何东西是确实自在自为的。"①同时,这些古典作家还顽固地坚持以上所引证的亚里士多德的原因分类法;但是,至少据我所知,我们这里所说的那种必要的区分,他们同样也没有达到。

§7 笛卡尔

我们发现,甚至杰出的笛卡尔——他推进了主观的反思并由此而成为现代哲学之父——也一直为这个问题难以澄清而困惑;我们马上就会看到,这些混乱所导致的一些与形而上学有关的严重的和可悲的后果。在《第一哲学沉思对第二个反驳的答复》的"公理Ⅰ"中,他说:"没有任何一个存在着的东西是人们不能追问根据什么原因使它存在的。因为即使是上帝,也可以追问他存在的原因,不是由于他需要什么原因使他存在,而是因为他本性的无限性就是原因或是他不需要任何**原因**而存在的**理由**。"他应当这样说:上帝的广大无边性正是上帝不需要原因的认识理由;但是他却将这两者混在一起,并且显然没有清楚地认识到原因与认识理由之间的重大差别。然而确切些说,这是他的意图损害了他的洞察力。因为在这里,因果律需要有一个**原因**,他便使用**认识理由**代替了它,由于后者与前者不同,不会导致某种超出它之外的东西。于是,根据这个公理,他提出了关于上帝存在的**本体论证明**;这实际上是他的发现,因为安瑟伦不过是以泛泛的方式指出了这一点。在这些公理(我只是引证了其中的第一个)之后,立即出现了一个

---

① 苏阿茨:《苏阿茨形而上学争论录》,争论12,第1节。

正式的、十分重要的本体论证明的命题，实际上这个命题是包含在那个公理之中的，就像小鸡在被孵了很久的鸡蛋之中一样。这样，当其他任何事物为自身的存在而需要一个原因时，包含在神的观念中的无限性（immensitas）——这是通过宇宙论的证明而提供给我们的——便提供了原因的所在，正像证明本身所表明的：“在一切圆满本质的概念中就包含有它的存在。”①于是，这就成了一个变戏法的鬼把戏，因为这是把连亚里士多德都熟知的充足理由律的两种不同意义加以混淆，直接用于“上帝的崇高荣誉”（in majorem Dei gloriam）。

　　但是，坦白地不带任何偏见地说，这个著名的本体论证明确实是个迷人的把戏。有的人在这样那样的场合设想出包含有一切属性的观念，而目的是要把现实或存在的属性包括在其中，不论是直截了当地讲出来，或是为了体面而将它们掩藏在其他一些属性之中，诸如完满、无限，如此等等。这样，众所周知，这些属性就是一个既定观念的本质，即是说，没有这些属性，这个观念就不会被理解，——这些属性本身的本质属性，同样可以由纯粹的逻辑分析而得知，结果就有了**逻辑的**真理：这就是它们在既定的观念中具有认识的理由。于是实在或存在这种属性也可以从这种武断的思维观念中抽取，并且与这一观念相对应的客体立即被断定为是独立于观念而真实地存在着。

　　　该死的思想如果不是这么可怕，

---

　　① 《第一哲学沉思录》，公理 X。有所改动。

人们或许很愿意地称它为愚蠢。[①]

　　总而言之,对于这种本体论证明的最简单的回答就是:"一切都取决于你由之推出你的观念的来源:如果这来源是来自于经验,那么不必多言,它的对象的存在就是无须进一步证明的;如果相反,这个来源是产生于你自己的 sinciput(半个头脑),那么它的属性便没有什么用处,因为它不过是幻觉。"但是我们养成了一种与神学的要求背道而驰的偏见,它需要求助于这样的证明来在哲学领域中找到立足之地,尽管它对这个领域十分陌生,却偏要去染指。但是且慢!凭着亚里士多德的英明预见!亚里士多德甚至从来没有听说过本体论证明;然而,他好像是事先觉察到了经院哲学家借助于即将到来的黑暗所玩弄的把戏,并急于要把这条路堵住,所以他有意识地表明[②]:给一个事物下定义同证明它的存在,永远是彼此分开的两码事;因为其中的一个是告诉我们这个事物是什么意思,而另一个则是指这样一个事物是存在的。就像是一个来自未来的预言家,他说了一句这样的话:"存在并不属于一个事物的本质,因为存在并不是一种特性。"这句话的意思也就是说:"存在绝不属于一个事物的本质。"与此相反,在谢林的《哲学著作集》(1809 年)第 1 卷第 132 页上的一个冗长的注释中,我们可以看到,他对本体论的证明则是多么的崇敬。我们甚至可以见到,其中一些东西依然是很有教益的,这就是由于厚颜无耻和虚张声势,吹

---

① 席勒:《华伦斯坦三部曲·小短笛》,第 2 幕,第 7 场。

② 亚里士多德:《后分析篇》,第 7 章。

牛皮说大话,德国人的眼睛是多么容易被沙子迷住。但对于像黑格尔这样彻头彻尾的可怜虫,他的整个伪哲学不过是对本体论证明的一个古怪的补充,如果赞同了他针对康德的辩驳,那就真的造成了一种连本体论自己也会感到丢脸的联盟,不论多么短暂也会叫人脸红。对这种使哲学蒙受耻辱的人,怎能希望我对他们说出钦佩之词呢?

§8 斯宾诺莎

虽然斯宾诺莎的哲学主要在于他反对上帝与世界之间以及灵魂与肉体之间的双重的二元论,这种二元论是他的老师笛卡尔建立起来的,然而,在混淆和混用理由-结论关系和原因-结果关系上,他却依然忠实于他的老师;就他的形而上学来说,他甚至想从这种混淆中为他的形而上学获得比笛卡尔的形而上学更大的好处,因为他把这种混淆作为他整个泛神论的基础。

如果一个观念**潜在地**包含了它所有的本质属性,那么只通过分析判断就可以**明显地**从这个观念中把这些属性展示出来:它们的总和就是这个观念的定义。所以,这个定义与其观念本身只是形式上的差别,并无内容的不同;这是因为它正是由包含在这个观念中的那些判断所组成,并且就这些判断表现出它的本质来说,它们有在观念中存在的理由。从它们的理由来考察,我们同样也可以把这些判断看成是那个观念的结论。这样,一个观念与建立在它上面并通过分析从这个观念而推出的判断之间的关系,就恰恰是斯宾诺莎所谓的上帝与世界,或者一个唯一的实体与其无穷多的偶性之间的关系。"神，或包含无限属性的实体——神，或一切神的属性。"①因此，它关系到**认识理由**与其推论的关系；然而真正的有神论（斯宾诺莎的有神论只是名义上的有神论）则是这样来定义**原因**与**结果**的关系，在其中，原因始终是与结果不同并且与结果相分离的，这种关系不仅就我们考察它们的方式来说是如此，而且就它们本身来说也是真实地和本质地，因而永恒地是如此。平心而论，上帝这个词，指的是这样一个带有人格特征的世界的原因，因此，非人格的上帝乃是一个自相矛盾的词。然而，甚至正如斯宾诺莎自己所说的那样，他希求将上帝这个词加以保留，用来表示实体，并且明确地把它称为世界的**原因**。他在这样做的时候，除了完全将这两种关系加以混淆，并且混淆认识的理由的原则和因果性的原则以外，找不到别的方法。我想引证下面一段话来证明这一论断："应当注意，凡任何存在的事物，必然有某种其所赖以存在的原因。并且应当注意，事物赖以存在的原因，不是包含在那个存在的事物的本性和定义内〔因为存在属于那个事物的本性〕，就必定在那个事物之外被给予。"②在后一种场合他是指致动因，似乎是从后果而来；而在第一种场合，他指的则是一个纯粹的认识的理由。然而他将这二者等同起来，并以此为将上帝与世界等同起来开辟了道路，这正是他的本意。这就是他从笛卡尔那里学来的惯用手法。他用从外面而来的致动因替换了依赖于这个观念的认识的理由。"从神的本质的必然性，必然推出一切能处在无限理

---

①　斯宾诺莎：《伦理学》，第 1 部分，命题 11。

②　同上书，第 1 部分，命题 8，附释 2。

智概念之下的东西。"①同时,他在任何地方都将上帝称为世界的原因。"一切存在的东西无不表现那种是一切事物原因的神的力量。"②"神是万物的固有因,而不是万物的超越因。"③"神不仅是万物存在的致动因,而且是万物本质的致动因。"④"从任何一个给定的观念都必然有某种结果随之而出。"⑤他还说:"一物如果没有外因是不能被消灭的。"⑥证明:"作为不同于存在的本质、本性,因为物的界说是肯定该物的本质而不否定该物的本质,换句话说,它的定义是建立它的本质而不是取消它的本质,所以我们只要单独地注意一物本身,而不涉及它的外因,我们就绝不能在其中发现有可以消灭其自身的东西。"这意思是说,既然任何观念都不能包含与它自身的定义相矛盾的东西,也就是与它的全部属性相矛盾的东西,所以一个事物绝不能包含某种能成为使它毁灭的原因的东西。而这种观点,在稍嫌过长的第11命题的第二个证明中,被推向了极端,在其中,他将能够毁灭或消灭一个存在物的原因,与包含于一个定义中并导致这个定义毁灭的矛盾混同了起来。在这里,他是如此强烈地企图将原因和认识理由混同起来,以致他从不分开来说原因或认识理由,而是结合起来说"原因或理由"(ratio seu causa)。于是,为了掩盖他的诡计,这种情形在同一页中的出现达八次之多。笛卡尔在上面提到的公理中,也曾采取了同

---

① 斯宾诺莎:《伦理学》,第1部分,命题16。
② 同上书,第1部分,命题36,证明。
③ 同上书,第1部分,命题18。
④ 同上书,第1部分,命题25。
⑤ 同上书,第3部分,命题1,证明。
⑥ 同上书,第1部分,命题4。

样的做法。

这样,确切些说,斯宾诺莎的泛神论不过是笛卡尔本体论证明的实现。首先,他采用了上面我们引用的笛卡尔的本体论命题,"正是上帝本性的无限性,才是他不需要任何原因而存在的原因或理由",并且,他经常说实体而不说神(在一开始时);他推论说:"实体的本质必然包含它的存在,因此实体一定是自因。"[①]这样,被笛卡尔用来证明上帝存在的同一个论证,被斯宾诺莎用来证明世界的绝对必然存在——它最终并不需要上帝。在命题 8 的附释 2 中,他讲得更加清楚:"正因为存在属于实体的本性,所以它的定义必然包含它的存在,因此只就实体的定义,就可推出它的存在。"但据我们所知,这个实体就是世界。命题 24 的证明也表示了同样的意思:"即在自身的定义中","因为一件事物如果就其本身来看其本身就包含存在,那么它就是自因。"

在笛卡尔那里是从纯粹**观念**和**主观**的意义上,也就是仅仅从**我们**、从**认识**的**目的**的角度来进行论述的东西,——在这个例子中是为了证明上帝的存在,——在斯宾诺莎那里则是从**真实**的和**客观**的意义上加以理解的,他把这看作是上帝对世界的现实关系。在笛卡尔那里,上帝的存在包含在关于上帝的**观念**之中,因而这成为上帝真实存在的理由;在斯宾诺莎那里,上帝本身就包含在世界之中。这样,在笛卡尔那里只是认识的理由,到了斯宾诺莎那里就成了关于实在的理由。如果说笛卡尔在他的本体论证明的结论里,把上帝的存在说成是出自于上帝的本质,那么在斯宾诺莎那里

---

① 斯宾诺莎:《伦理学》,第 1 部分,命题 7。

则把它变成了自因本身，并且以此大胆地展开了他的《伦理学》：
"所谓自因，我理解为这样的东西，它的本质［观念］即包含存在。"
而对亚里士多德的告诫"存在不属于一物的本质"充耳不闻。这样
我们就有了一个对于认识理由与原因的最明显的混淆。如果说那
些惯于把词句错当成思想的新斯宾诺莎主义者（谢林主义者、黑格
尔主义者等等），经常沉湎于夸夸其谈，而对这个所谓的"自因"肃
然起敬，那么在我看来，这个自因不过是要粗暴地割断永恒的因果
链条的一个自相矛盾的词，一个前后的颠倒，一种对我们的无理要
求，——简言之，在某种意义上恰如当看到自己够不着紧紧拴在钩
子上的大军帽时就登上了椅子的奥地利人的所作所为。"自因"说
的真正标志乃是明希豪森男爵，他骑着马落入水中时，就借助于
"自因"的箴言，用腿夹住了他的马，并抓住了自己的辫子就把自己
连同马一起提了出来。

　　最后，让我们再来看看《伦理学》第Ⅰ部分的命题16。在这里我
们看到，斯宾诺莎从该命题推断说："从任何一物的定义里理智都可
以推出这个定义事实上必然推出的许多性质，无限多的事物的无限
多的样式是来自于神的本性的必然性"；因此毫无疑问，上帝与世界
的关系与一个概念同它的定义的关系是同一的。然而，"神是万物
的致动因"这样一个必然的结论是直接与此相联系的。在这里，认
识理由和原因之间的混淆达到了无以复加的地步，再没有比这更严
重的后果了。但是，这也表现出我们这篇论文的题目的重要意义。

　　在力图把这个问题推向极端的第三个步骤中，谢林对这些谬
误又贡献了一个小小的剧终余兴，——由于缺乏思想上的明晰性，
前面两个伟大的思想家也曾坠入这种谬误之中。如果说笛卡尔碰

到了不容改变的因果规律,这使他的上帝陷入了绝境,于是便采取
将认识理由替换为所需要的原因的手法,以便平安地渡过难关;如
果说斯宾诺莎从这种理由制造出一个实际的原因即自因,因而他
的上帝就成了世界本身,那么,现在谢林则是使理由与结果在上帝
自身之中就分裂了。① 他通过把问题提高到理由与结果的一个真
正的、实在的本质,并且为我们引入了一个"在上帝之中并不是它
自己本身,而是它的理由,这种理由作为一种原始的理由,或者更
确切地说是超越于理由的理由"的深不可测的东西,从而使事情更
富于连贯性。这真是一种当之无愧的赞赏。大家知道,谢林是从
雅可布·波墨的《人间和天上的神秘事物大全》中汲取了这一整套
神话;但是在我看来大家所不太知道的,是雅可布·波墨自己又是
从哪里找来这些东西,以及这所谓的深不可测的东西的诞生地又
在何处,所以我想冒昧地提一提此事。这就是瓦伦汀派(公元 2 世
纪的一个异端教派)的"无底深渊,超越于理由的理由",它从自身
的共同本质的沉寂中产生出理智和世界,正如伊伦诺斯(Irenäus)
所叙述的②:"因为他们说,在那看不见的、不可名状的太空,有一
个先天的存在,完满的永恒;他们把这叫作原始的混沌(Uran-
fang)、始祖(Urvater)或者原始根据(Urgrunnd)。他们说,它是处
在极度的平静与安宁之中,万古长存,不可理解也不可感觉,不生
不灭;而与它共存的就是思想,他们也把这称为**纯洁**和**沉寂**。这个
原始根据有一次曾想到要从它自己那里显现出万物的开始,并且

---

① 谢林:《关于人的自由的论文》。

② 伊伦诺斯:《驳异教》,第 1 卷,第 1 章。

繁衍出后代,就像一个精子进入了子宫一样,进入了那一片沉寂的世界,——它决意这样来显示自己。现在这种受了精并且怀了孕的沉寂,产生出了理智,这是一个相似并等同于它的造物主的存在,并且只有它理解了其生父的伟大。他们也把这个理智称为万物之父或万物之始。"

总之,这一定是通过异教史而传到了雅可布·波墨那里,而谢林的的确确又从波墨那里把它接收了过米。

§9　莱布尼茨

第一个正式把充足理由律作为一切认识和科学的主要原则来论述的,是莱布尼茨。在他著作的许多地方,他都煞有介事地宣扬充足理由律,神气十足,好像是他第一个发现这一原则似的;然而关于充足理由律他所发现的,充其量不过是说任何一个事物对于它的存在来说,都必须具有充足的理由,除此之外没有别的,而且恐怕有人在他之前就发现了这一点。的确,充足理由律两种主要含义之间的区别,他偶尔也曾暗示过,但却没有做过任何专门的强调,也不曾在任何地方做过清楚的说明。与此有关的主要段落是他的《哲学原理》的第 32 节,在该书名为《单子论》的法文译本中则更为清楚一些:"事实上,根据充足理由律,我们了解到了一个事物为什么只能如此而不能是别的什么,如果没有充足理由律,那么任何一种事物都可能存在,任何一种陈述都可能是真实的。"[①]

---

① 　参照莱布尼茨:《神正论》,第 44 节,以及他致克拉克的第 5 封信,第 125 节。

§10　沃尔夫

因而,沃尔夫才是第一个将充足理由律的两种主要含义加以明确区分,并从细节上论述了其不同之处的作者。然而,沃尔夫并没有把充足理由律像现在所习惯的那样归入"逻辑",而是放到了"本体论"中。诚然,在他的著作的第71节中,他强调了不能将关于认识的充足理由与关于因果的充足理由混为一谈的必要性;但他在这里并没有清楚地确定区别到底在什么地方。其实,他自己也错把一个当成了另一个;因为他恰恰是在有关"充足的理由"一章的第70、74、75和77节中,引用了几个因果的例子来确证充足理由律,而假如他确实是希望将这种区分坚持下去的话,他就更应当把这些例子放在该书有关"原因"的一章中加以引用,而在这一章中,他又一次引用了完全相同的例子,并再次对认识的理由做了说明(第876节),——刚才已经讨论过,认识的理由虽然并不一定要放在这里,然而却有助于紧接在后面的关于充足理由律与因果规律之间的清晰而明确的区分(第881—884节)。他进一步说道(第874节):"所谓充足理由律,也就是指它自身包含着另一事物的理由",并且,他划分出了三个种类:(1)发生的理由(原因),他把这规定为另一事物的现实性的理由,例如,当一块石头变热时,那么火或者太阳光线就是热存在于这块石头之中的理由;(2)存在的理由,他把这规定为另一事物的可能性的理由,在上面的例子中,这种可能性的理由就在于石头按照自身构成的本质或特征是能够吸收热的。这后面一个概念在我看来是难以接受的。如果它还具有什么意义的话，那就是可能性的含义同我们先验地得知的经验一般条件的含义是一致的，正如康德所充分表明的那样。联系到沃尔夫关于石头的例子，我们从这些先验的一般条件得知，由于结果是继原因而来，所以变化是可能的：这就是说，我们知道一种状态可以继另一种状态而出现，如果在先状态包含了后面状态的条件的话。在这个例子中我们看到，作为结果，是石头变热了的状态；作为原因，则是石头有一定吸热能力的在先状态及其同热源的接触。这样，沃尔夫把这一状态第一次提到的性质称为存在的理由，把第二次提到的性质称作发生的理由，就这里所涉及的石头的例子而言，乃是基于对较为持久地存在并因而可以较长时间地等待其他条件出现的那些条件的错觉这个事实之上的。这块石头本来应当是这样的：它的化学构成应当使它能够吸收一定程度的热，因而也就具有与它本身所包含的热量成反比的吸热能力；另一方面，它还要同热源发生接触，这都属于由一些在先的原因构成的整体环节的一个后果，这些原因都属于"发生的理由"，然而这又是这两种状况的重合，这种重合在开始时构成了作为原因的条件，也是作为结果的石头变热的基础。所有这些都并没有给沃尔夫的"存在的理由"留下可乘之机，因此这是我所不能接受的，并且，我在这里做了一些有关这个问题的详细论述，这部分地是因为我自己以后也想在完全不同的意义上使用这个字眼；部分地也是因为这个解释对于理解因果规律有好处；(3)正如我们所提到的，沃尔夫还区分出了认识的理由，并且还把致动因，或者决定意志的理由也归入了原因。

§11　从沃尔夫到康德之间诸哲学家

鲍姆加登在他的《形而上学》一书第 20—24 节,以及第 306—313 节中重复了沃尔夫的区分。

雷马鲁斯(Reimarus)在他的《理性论》的第 81 节中区分出了:(1)内在的理由,对此他的解释与沃尔夫的"存在的理由"是一致的,如果他没有把仅仅适用于观念的东西移植到事物之中的话,这甚至也适用于"认识的理由";(2)外在的理由,即原因(第 120 节及以下),他正确地将认识的理由定义为命题的条件,但在第 125 节的一个例子中,他却将它与原因混同了。

拉姆伯特(Lambert)在《新工具论》中,没有提及沃尔夫的区分;然而他表明他是觉察到了认识的理由与原因之间的区别的;[1]因为他说上帝是真理的"存在的理由",而真理则是上帝的"认识的理由"。

普拉特那(Platner)在他的《格言》的第 868 节中说:"被称为我们认识之中的理由和结论的东西,实际上也就是原因和结果。每一个原因都是一个理由,每一个结果都是结论。"因此,他持的是这样一种观点,即认为原因与结果,实际上与我们思维中的关于理由和结论的概念是一致的;前者与后者的关系,就像例如实体与偶性的关系、主词与谓词的关系,或者我们感觉到的一个客体的性质与该客体本身的性质的关系,等等,是一样的。我想对这种观

---

[1]　拉姆伯特:《新工具论》,第 1 卷,第 572 页。

点进行驳斥是没有什么用处的,因为显而易见,一个判断中的前提与结论,与原因和结果的知识是彼此完全不同的;虽然在个别的场合,原因的知识本身甚至可以是一个陈述结果的判断的理由①。

§12　休谟

在这位严谨的思想家之前,还不曾有人对作为结果而产生的事物表示过怀疑。天地间最先出现的东西,是以因果规律为形式的充足理由律。因为它是"永恒的真理",也就是说,它本身是自在自为的,高于上帝和命运;而此外的一切事物,例如,思考着充足理由律的知性,同样还有整个世界,以及那些能作为世界的原因的东西——如原子、运动、造物主,等等——都不过是与充足理由律相符合并依赖于充足理由律的东西。休谟是第一个开始寻求因果规律是从什么时候起才具有了权威的人,并且第一个要求它的可靠性。每个人都知道休谟所达到的结论:因果性不过是我们通过习惯而熟知的发生于时间中的一连串事件和状态的经验感觉。这一结论的错误我们立即就能发现,要驳斥它也并不困难。功绩是在于这个问题本身,因为它成了康德的深入研究的动力和起点,并通过这种研究导致了以往的唯心主义(主要是贝克莱的唯心主义)所不能比拟的一种更为深刻更为彻底的唯心主义观点。它导致了一种超验的唯心主义,从这里产生了一种确信:从整体来说,世界依

---

① 参照本书§36。

赖于我们,正如我们在细节上依赖于世界一样。由于指出了这些先验原则的存在,这些原则使我们能够先验地也就是先于一切经验地确定有关客体及其可能性的某些方面,他证明了这些事物不能像它们所呈现给我们的那样是独立于我们的认识而存在的。这样一个世界与一个梦境的相似是显而易见的。

§13　康德及其学派

康德论及充足理由律的主要段落,见于他的一本不大的著作《论一个可使我们免去一切纯粹理性批判的发现》,在该书的第 1 部分(A)中,他在与艾伯哈尔德(Eberhard)争论时,特别强调了"认识逻辑的(形式的)原则即'每一个命题都必须有其理由',与先验的(物质的)原则,即'每一事件都必定有其原因'"之间的区别。而艾伯哈尔德则把这两者看成完全是一回事。——我自己打算在做出唯一真实的证明之后,再在一个单独的段落中对康德的先验的证明以及由此而来的因果规律的先验特性进行批判。

在这些前人的指引下,有一些在逻辑学方面属于康德学派的作者:霍夫鲍尔(Hofbauer)、玛斯(Maass)、雅可布(Jakob)、凯斯维特(Kiesewetter),还有其他一些人,都十分精确地规定了理由与原因之间的区别。尤其是凯斯维特曾令人满意地指出了这一点,[①]他说:"逻辑的理由(认识的理由)与事实的理由(原因)是不

---

① 凯斯维特:《逻辑学》,第 1 卷,第 16 页。

能混淆的。充足理由律属于逻辑学,因果规律则属于形而上学。^①前者是思维的基本原则,后者则是经验的基本原则。原因涉及真实的事物,逻辑的理由则只是用于观念。"

康德的反对者们则是更加强烈地主张这种区分。舒尔茨(G. E. Schulze)责备把充足理由律与因果规律混为一谈。^② 沙尔蒙·麦蒙(Salomon Maimon)在指责康德^③从假言判断的逻辑形式那里获得了因果关系原则的同时,对人们关于充足理由有如此之多的话要说,然而却没有一个对它本身含义的解释而感到遗憾。^④

耶可比(F. H. Jacobi)说,^⑤由于将理由与原因这两个概念混淆起来,就产生了一种幻觉,这种幻觉使各种错误的思辨纷纷出笼;他还以自己特有的风格指出了理由与原因之间的区别。然而在这里,就像在往常一样,我们发现他在许多地方偏重于文字游戏而缺少哲学的严谨。

谢林最终是怎样区分理由与原因的,可见于他的《自然哲学导论箴言》,第 184 节,这部著作发表于马尔库斯(Marcus)与谢林合著的《医学年鉴》的第 1 卷第 1 部。在这里我们被告知,在一切事物中,**理由**是稳重的,而**原因**则是轻浮的。我只是感到新奇才引用了它,因为这种胡言乱语无论如何也不能在严谨而诚实的学者的观点中占有一席之地。

---

① 凯斯维持:《逻辑学》,第 1 卷,第 60 页。
② 舒尔茨:《逻辑学》,第 19 节注释,以及第 63 节。
③ 麦蒙:《逻辑学》,前言,第 XXIV 页。
④ 同上书,第 20、21 页。
⑤ 耶可比:《关于斯宾诺莎学说的信》,附录 7,第 414 页。

§14　关于充足理由律的证明

我们仍然有必要回顾一下对充足理由律进行证明的各种不成功的尝试,其中大多数对它所采取的含义缺乏明确的规定,例如,沃尔夫在他的"本体论"第70节中的证明就是如此,鲍姆加登在他的《形而上学》第20节中又重复了这个证明。在这里,对这个证明再加以重复和批驳是无益的,因为它显然是以一个文字上的遁词为基础的。普拉特那[①]和雅可布[②]试图提出另外的证明,然而很容易发觉这是循环论证。如前所述,我想进一步讨论一下康德的那些论证,因为在这篇论文的进程中,我打算指出我们认识功能的不同规律,而充足理由律则是它们的共同表现,所以充足理由律的不能被证明,就是理所当然的结果。相反,亚里士多德的名言也许对所有这些证明来说都同样是很中肯的:"他们寻求没有理由的理由,寻求不是证明的证明原则。"[③]由于每一个证明都是某种已被认识了的事物的依据,并且如果我们对这件事物继续要求证明,不论怎样,我们最终就会得到这样一些命题,这些命题表达了一切思维和认识的形式和规律,因而也就是表达了它们的条件,从而,一切思维和认识也就在于这些命题和条件的运用。这样,确定性不过就是与这些条件、形式和规律的一致,因此它们自身的确定性是

---

① 普拉特那:《格言》,第828节。

② 雅可布:《逻辑学与形而上学》,1794年,第38页。

③ 亚里士多德:《形而上学》,第3卷,第6章。参照《后分析篇》,Ⅰ.3。

不能再由其他的命题来证明的。在第五章,我将要讨论这种命题的真理性。

此外,寻求对于充足理由律的证明,是一种特别声名狼藉的荒唐行为,这体现出对反思的缺乏。每一个证明都是对一个表述出来的判断和理由的论证,并且它获得**真实**的属性恰恰是依靠了这种论证。这种关于理由的必要性恰恰就是充足理由律所表明的东西。这样,如果我们要求对于充足理由律的证明,或者换言之,要求对它进行论证,我们就已经假定它是真的了,并且我们的要求恰恰又是建立在这种假定之上,这样,我们就会发现自己陷入了对我们要求一个证明的合法性本身又要求证明的循环。

第三章 以往论证的缺陷和新论证的概述

§15 以往确定的充足理由律的意义中所不包含的一些情况

从上一章我们所做的概述中,已经可以见到人们对充足理由律已经区分了两种不同的运用,虽然这种认识十分缓慢、拖沓并且常常陷于谬误和混乱:一是将其运用于判断,判断要成为正确的,它就必须有一个理由;另一个则是将其运用于实在对象的改变,这种改变总要有一个原因。在这两种情况里我们发现,充足理由律都能使我们有理由去询问一个**为什么**,这是它的一个本质的性质。但是,使我们有权去询问一个**为什么**的全部事情,是否都包括在这两种关系中了呢? 如果我问:为什么这个三角形的三个边相等? 答曰:因为三个角相等。那么,各个角的相等是否就是各条边相等的原因呢? 不是的;因为我们这里所涉及的并不是变化,因而也就不涉及必须有一个原因的结果。——它仅仅是一个逻辑上的理由吗? 不是的;因为角的相等不只是边的相等的证明,它不只是一个判断的根据:仅仅观念自身永远不能解释为什么因为各个角相等,各条边就必须相等;这是由于各个边相等的观念并不包含在各个角相等的观念之中。因而在这里,我们并无观念与判断之间的联系,而只有边与角的联系。各个角的相等并不是直接的理由,而是间接的理由,通过这个理由我们得知了各个边的相等;因为它是一件事物为什么是这样的理由(在这个例子中是各条边相等):各个角相等,因而各条边必定相等。这样我们便得到了各个角与各条边之间的必然的联系,而不是两个判断之间的直接的、必然的联系。——再如,如果我问,为什么要发生的事件没有发生,而这绝不会是问已发生事件之不能发生,因而按照普拉图斯(Plautus, *Aulularia*, Ⅳ,10,15)为什么过去绝对不可复原,将来一定不可避免,这甚至是不可能有借助于纯粹抽象观念的纯逻辑来证明的,而且也不属于因果关系,因果关系只是支配在时间中发生的各个事件,而不是时间本身。现在的时刻将刚才的时刻抛入了过去的无底深渊,并不是通过因果关系,而仅仅是直接通过它的存在,这个存在无疑是不可避免的。通过纯粹的观念而使它能够被理解或者更加清晰,是不可能的;相反,我们十分直接而本能地承认它,正如我们知道左与右的差别和一切依赖于它的东西一样:例如我们左手的手套必将对不上右手,等等。

　　现在,既然充足理由律所适用的所有那些情况不能被归结为逻辑的理由和结论以及原因和结果,所以,在这种分类中,是不能对分异法则予以充分注意的。然而归同法则则要求我们假定,这些情况是不能无限地区分下去,而是可以被归结为一定的种类的。这样,在试图做这一分类之前,有必要确定什么是充足理由律在一切情况下所特有的东西，以作为它的所特有的特征；因为属的概念总是必须在种的概念之前就确定下来的。

§16　充足理由律的根源

我们进行认识活动的意识，把自身体现为内在的和外在的感性（或说接收力）以及知性和理性，又进一步把自己划分为主体的和对象的，此外还包含着无。成为主体的对象和成为我们的表象是同一回事情。所有我们的表象都是主体的对象，而所有主体的对象都是我们的表象。我们的外部表象都在一种有规则的联系中互相依赖，这种有规则的联系可以被确定为先验的，并且正因为是这样，任何彼此独立的存在物，任何单个的或孤立的东西，都不能成为我们的对象。充足理由律从自身的"普遍"意义上所表明的，就是这种联系。这样，虽然从前面的论述中可以推出，这种联系依照对象的不同种类采取了不同的形式，这些形式通过充足理由律以不同的方式而被表达出来；然而这一联系保持着对所有这些形式来说是共同的东西，并且这一点以一般的和抽象的方式为我们的充足理由律所表达。充足理由律建立于其上的，并且将在这一章中更为周密地说明的各种关系，也就是我所说的充足理由律的根据。这样，按照归同法则和分异法则，这些关系将在更为周密的考察中被分成**四个**性质不同的种，彼此间有巨大的差别。它们的数量，然而又可以被归结为**四个**。一切能够成为我们对象的东西，也就是说我们的一切表象，都可以依照这**四个**层次而被划分。在以后的四个章节中，将对这些层次加以叙述和考虑。

　　我们将看到充足理由律在每一个层次中都按照一种不同的形式而出现；但它也将作为同样原则的全体和来自于刚才所说的根据的东西而使自身得到体现，这恰恰是因为它包括了以上所表明的内容。

第四章　论主体对象的第一个层次，以及在其中居支配地位的充足理由律形式

§17　对象的第一层次概述

作为我们表象功能的可能对象的第一个层次，就是**直观的、完整的、经验的**表象层次。它们作为直观而与纯粹思维，即抽象的观念相对立；按照康德的说法，由于它们是完整的，它们不仅包含了现象的形式成分，而且也包含了现象的物质成分；它们是经验的，这部分是由于刚才提到的它们并不是单纯地来源于思想间的联系，而且作为它们的起源，还来自于我们感官的感觉刺激，它们总是从这里被寻求关于其实在性的证据；部分地也是由于它们是按照时间、空间和因果关系的统一规律，在那种并不构成我们**经验实在**的开端与结束的复合体中联系在一起的。然而，由于按照康德学说的结论，这种经验实在并不取消它们**超验的理想性**，因此在这里，当我们只是在讨论认识的形式要素的时候，我们将它们仅仅看作是表象。

§18 关于经验实在的超验分析纲要

这些表象的形式就是内在的和外在的感觉形式,或者说,时间和空间。但是这些形式只有被充实才是**可感知**的。这些形式的可感知性就是物质,对此我们以后将再回过头来进一步谈到,并且还将在第 21 节中论及。

假如时间是这些表象的唯一形式,那么就不会有共存,因而也就没有任何永恒的东西,也不存在延续。因为时间只有被充实才能被感知,而且它的进程只有通过充实于其中的东西所发生的**变化**才能被感知。因此,一个对象的**永恒**只有同另一个与之共存的对象所发生的**变化**相对照,才能被认识。但是,仅仅在时间中**共存**的表象是不可能的;为了它的完整,还有赖于空间的表象;因为在纯粹的时间中,一切事物是**前后相随**,而在纯粹的空间中,一切事物都是**互相并列**;因此,只有将时间和空间结合在一起,共存的表象才能产生。

另一方面,假如空间是这一表象层次的**唯一形式**,那么就会不存在有变化;因为变化或者变动是状态的连续,而连续只有在时间中才是可能的。因此我们可以将时间定义为一个同一事物中对立状态的可能性。

这样我们看到,虽然对于时间和空间都可以进行无限的分割和延伸,但是这两种经验的表象形式都有着根本的区别,这是由于对其中一个来说是本质的东西,对于另一个来说不具有任何意义;在时间中无所谓并列,在空间中无所谓连续。然而经验的从属于实在有序复合体的表象，还是在这两种形式中同时出现；而且，这两种形式的**内在统一**就是实在的条件，从某种意义上说是产生于这两种形式，正如一个产品来自于它的要素一样。这样，正是以其自身的特殊功能造成了这个**统一**并按照这样一种方式把这些不同的形式联系起来的知性，**使经验的实在**——尽管只是就知性而言的——从这些形式的相互渗透中产生了，而且是作为一种集合的表象而产生，形成一个复合体，根据充足理由律的形式而结合在一起，只是它们的界限还是个问题。属于这一层次的每一单个表象都是这一复合体的一部分，每一个都按照我们先验得知的法则来取得自己在其中的位置；因此，在这里面**共存着**无数的对象，因为实体，也就是物质，任凭时间无休止地流逝而永世长存，也因为它的状态不拘空间的刻板僵硬而变化无常。总之，在这个复合体中，整个的对象，真实的世界对我们来说是存在的。对这一点有兴趣的读者，或许会发现，目前这个关于经验的实在的分析的粗略轮廓，将在《作为意志和表象的世界》①的第一卷第 4 节中进一步完善起来，在那里，将对知性导致这种统一并因而为自己本身创造了经验世界的方式，做出周密的解释。读者还将在同一文献中找到一个重要的帮助，即"时间、空间和物质的 Prädikabilia à priori（先天知性概念）"，这补充在该书第二卷第四章上，而且我希望读者对此引起注意，因为它尤其表明了在因果关系的形式下面，时间与空间的对立是怎样作为结果而在物质中均等地得到平衡的。

现在，我们将对作为经验的实在基础的知性功能做详细的说

---

① 《作为意志和表象的世界》，德文第 1 版，第 1 卷，第 12 页以下；第 3 版，第 9 页。

明;不过我们首先必须提出几个附带的说明而偏离开我所采纳的基本的唯心主义观点将要遇到的那些更为直接的对象。

§19 表象的直接呈现

现在,尽管有这样一个通过体现了物质的内部与外部感觉形式的知性而形成的统一,并且有一个永恒的外部世界与之相伴随,然而由于主体全部**直接**的知识是单独地通过内部的感觉而获得的——外部感觉也将成为内部感觉的对象,内部感觉由此而感知到各种外部知觉——因而从主体意识中表象的直接呈现来看,主体依然仅仅是受作为内部感觉形式的时间规则支配的[1]:所以,在同一时刻,只能有一个表象被呈现给它(主体),虽然这个表象可以是十分复杂的。当我们说到**直接的当前的**表象时,我们的意思是,它们并不是通过由知性导致的时空统一而被认识的,——正如我们马上就会看到的,这是一种直觉功能,由此产生了经验实在的复合表象,——而是作为内部感觉的表象,它们是单独地在纯粹的时间中,并且恰恰是在时间的两个方向分离的中点,即所谓**现在**的点上被认识的。前面一段中所提到的关于这一层次表象直接存在的必要条件,就是主体以我们的感觉因而也是以我们感官为基础的因果活动,它本身从属于对象的这一层次,因而服从于在其中起着决定作用的我们现在所要考虑的因果规律。这样,一方面由于按

---

① 参见康德:《纯粹理性批判》,导言,第 2 节,德文第 1 版,第 33、34 页;第 5 版,第 49 页。

照内部世界和外部世界的规律，主体是不能停止于这一单个表象上的；但另一方面，这也是由于单在时间中不能有共存的东西：按照一个我们马上就要提到的我们不能先验地予以确定，而只能根据环境来确定的规律，单个的表象总是必定消失并且被另外的表象所取代。而且，一个众所周知的事实是，幻想和梦境复制了这种表象的直接呈现；然而对这一事实的研究，则属于经验心理学的领域。这样，尽管从我们意识中表象的直接呈现来看，我们的表象具有暂时的和孤立的性质，然而如前所述，主体通过知性的功能还是保留着关于实在的一个包罗万象的复合体的表象，而从相反的方面看，当表象被看作是属于这个复合体而不涉及它在我们意识中的直接呈现时，就被理解成为一种截然不同的东西。根据前一种观点，表象被称为**真实的事物**；而根据后一种观点，表象就不过是 κατ᾽εξοχην（纯粹的）表象。这就是我们按照**实在论**的名字而了解的关于物质的通常观点。从现代哲学的外表上看，**唯心主义**曾反对过这种**实在论**并从而稳固地赢得了地盘。马勒伯朗士和贝克莱就是这种唯心主义的最早代表，而康德又为它增添了超验的唯心主义威力，由此，事物的经验实在性及其超验理想性的共存就成为可想象的了，康德本人由此而说道：**"超验的唯心主义**主张一切现象都仅仅是表象，而不是物自身。"[①]又说："空间本身不过是纯粹的表象而已，因而任何存在于空间中的东西都必定包含在这个表象之中。在空间里除了被真实地表象的东西外，没有任何东西

---

①　康德：《纯粹理性批判》，德文第 1 版，第 369 页。

存在。"①他最后说："如果我们把思维着的主体拿开,整个物质世界就必定消失;因为物质世界不过是我们主体自身的感觉能力中的现象和我们主体的一种表象。"②在印度,唯心主义甚至是一种流行宗教的教义,不仅是婆罗门教的教义,而且也是佛教的教义;唯独在欧洲,由于犹太教本质上的并且是不可避免的实在论原则,它才成了看上去荒谬的东西。但是,实在论完全忽略了这样的事实,即所谓这些真实事物的存在,除了是被表象的东西以外,或者说,甚至是从可能性上说能够被表象的东西以外——如果有人坚决认为只有主体意识中的直接呈现才能被称为在现实性上被表象的东西的话,——就绝对地什么也不是。实在论忘记了对象如果离开了与主体的关联就不成其为对象,并且如果我们撇开了这种联系,或者想把它撇开,我们也就立即消除了一切对象的存在。莱布尼茨虽然清楚地感到了主体是对象的必要条件,然而却没有能够摆脱对象是凭借自身而存在并且是不依赖于任何一种同主体的关系而存在,即不依赖于它的被表象而存在的思想。因此,他首先假定了一个与表象世界完全相同并与之平行运动的对象世界,这个对象世界不是直接地,而是通过一种先定的和谐而外在地与表象世界联系起来;——这显然是完全多余的可能性,因为这个外部世界从未进入过知觉,而恰恰与之相似的并的确进入了知觉的表象世界却并不理会这个外部世界而独自活动着。然而,当他想要更为周密地确定这些客观存在的事物本身的本质时,他发现自

---

① 康德:《纯粹理性批判》,德文第 1 版,第 374—375 页,注释。
② 同上书,第 383 页。

己不得不断言对象本身将成为**主体**（即单子），他由此而完成了一个最为引人注目的证明，这就是从纯粹认识的角度看，我们的意识要在理智的限度内——也就是在我们借以表象世界的工具的限度内——去寻找任何超越于主体和对象、表象者和被表象者的东西是无能为力的。因此，如果我们对一个对象的客观性加以抽象，或者换个说法，对它被表象出来的东西加以抽象，如果我们把它作为对象的性质去掉，然而却希望保留些什么，我们所遇见的就只能是**主体**。相反，如果我们对主体的主观性进行抽象而又想得到留下来的东西，那么相反的事情就会发生，并且这就将走向唯物主义。

斯宾诺莎从未对物质做过彻底的考察，因而从未得到过关于物质的明确观念，然而却十分懂得主体与对象之间必然的相互联系是如此重要，以致没有这种联系主体与对象就是不能想象的；因此，他把物质规定为在（唯一的存在的）实体中，为实体所认识，并使实体具有广延的东西的同一。

注意——关于本章节的主要论点，为简明扼要和便于理解起见，我想借此机会提示一下。如果在本文的论述中，我在任何场合下使用了"真实的对象"这一术语，那么它所表示的只不过是共同形成了经验实在复合体的各种直观的表象，其本身的实在性依然始终是观念上的。

§20　关于生成的充足理由律

在刚才论述的主体对象的层次中，充足理由律是以因果规律的形式而出现的，我因此而把它称作关于**生成的充足理由律**。就我们所涉及的是对象状态的出现和消失而言，所有在我们表象的整个范围内呈现自身的对象都通过这个充足理由律而被联结起来，也就是说，在时间的流动中形成了经验实在的复合体。因果规律有如下述。当一个或者几个真实的对象转变为任何一种新的状态时，另一个状态必定在它之前就存在了，新的状态根据这个在先状态而有规则地相继出现，就是说，每当前面的状态出现后它就相继出现。我们把这种前后相继称为**因果运动**；前一个状态被叫作**原因**，第二个则被叫作**结果**。例如，当一个物体燃烧时，这种燃烧状态必定是由在前的状态所引起，1）与氧的亲和性状态；2）与氧的接触状态；3）一定温度的状态。这样，由于燃烧必定必然地直接跟随着这个状态，并且由于燃烧恰好发生了，这个状态就不能总是保持原状，而是相反，它必定要恰好有伴随状态发生。这种伴随发生被称为变化。正因为如此，因果规律才与变化有着专门的联系并且仅仅是涉及变化的。每一个结果在它产生时都是一个**变化**，并且在还没有发生的时候，就正确无误地表明了已经成为其先导的另一个变化。这另一个**变化**在同下一个变化相联系时，就取名为**原因**，而与另一个必然的在先变化相联系时，就取名为**结果**。这就是因果关系的链条。这个链条必然是没有起点的。这样，每一个伴随发生的状态就必定是前一个变化所导致的：例如在我们所提到的事例中，燃烧就是从物体与热源的接触而来，由此必然会导致温度的升高；而这个接触又有赖于前面的变化，例如太阳光落在凸透镜上；而这又有赖于太阳前面的云的离开；这又有赖于风；风又有赖于大气的稀薄不均；而这又有赖于其他条件；如此等等以至无穷。当一种状态为造成一个新的状态的其他一切必要条件都已具备，而只缺**一个条件**时，这**一个条件**的最终来临，在某种意义上说，就可以被称作是基本的原因，因为在这里我们得到了我们尤其期望的最后的——在这种情况下是决定性的——变化；但是如果我们排除这种考虑，那么任何作为原因状态的单一的条件，都不会仅仅由于它是最后出现而在确定因果联系的时候对其他条件具有一般的优先地位。这样，在上面例子中云的移动，依然是燃烧的原因，因为它发生在凸透镜对准目标之后；但是凸透镜对准目标也可以发生在云的移动之后，而且氧气的附加也可以产生于后；因此从这个角度看，是事物的偶然顺序确定了谁是原因。但是，通过更为周密的考察我们发现，导致随后发生的状态的原因是一种**整体状态**，这样，每一单个条件在其中产生的时间顺序，从一切本质的方面看是无关紧要的。因此，在一定的情况下，一个状态的最后发生的条件可以被称为根本的原因，因为它使必要条件的尺度得以满足，这样它的出现也就成为决定性的变化；然而，从全面考虑的意义上说，只有导致它的后继状态出现的**整体状态**，才可被认为是原因。那些加在一起完成和构成原因的单个的必需物，可以被称作原因的要素，或者甚至可以称作原因的**条件**，所以原因是可以再进一步分解为这些要素或条件的。另一方面，不是把状态而是把物体本身称为原因也是十分错误的：例如，有些人任意而毫无条理地把上一个例子中的凸透镜称作燃烧的原因；而又有些人把云称作原因；另一些人称太阳或氧气为原因，等等。但是，把一个物体称作是另一物体的原因是荒谬的。首先，因为物体不仅包括形式和质料，而且也包括无始无终的物质；其次，因为因果规律是专门涉及**变化**的，就是说是涉及状态在**时间**中的出现与消失的，它在其中控制着这样一种特殊的关系，与这种关系相关的前一个状态被称作**原因**，后一个状态则被称作结果，而这两者之间的必然联系，被称作一个状态从另一个状态的**发生**。

在这里，我向富有思想的读者推荐一下我的主要著作①中的一个说明。因为最重要的是要把我们关于因果规律的真实性和特殊含义，及其有效范围的观念加以彻底澄清和确定。首先我们应当认识到，因果规律是唯一并且专门涉及物质状态的**变化**的，此外不涉及任何其他东西；因此，如果不是在讨论这些**变化**，就不应当引进因果规律。因果规律只是时间中我们外部**经验**对象所经历的变化的控制者；然而，这些对象全部是物质的。每一个变化只能按照一定规则被另一个先于它而发生的变化所造成，然后一个新的变化又作为前一变化的必然产物而发生。这种必然性就是因果联系。

因此，不管因果规律是多么简单，然而我们却发现从最早一直到最近的时代全部的哲学教科书中，它却以完全不同的方式表达出来，也就是说以一种较为空泛的，较为抽象的，因而是不怎么明确的方式表达出来。例如，我们有时被告知，因果规律就是使其他事物由以产生的规律；有时又被告知是引出另一事物或给予它实在性的规律，如此等等。沃尔夫说："原因就是另一事物的存在或现实性所依赖的原则"(《本体论》，第 881 节)；然而显然，在因果关系中，我们只是涉及了不生不灭的物质的形式变化，并且显然，向

---

① 《作为意志和表象的世界》，德文第 2 版，第 2 卷，第 4 章，尤其是 42 页以下；第 3 版，第 46 页以下。

以前并不存在的存在跳跃是不可能的。毫无疑问，对于思维的明晰性的缺乏在大多数场合都会导致关于因果关系的这些观点；但有时在这后面的确也潜藏着一种隐蔽的意图———一种卖弄宇宙论证明的神学企图，为了这个缘故，这种意图甚至不惜篡改那作为人类知性的母乳的超验的、先验的真理。在托马斯·布朗（Thomas Brown）的著作《论原因与结果的关系》中可以发现关于这一点的最明显的事例，这本书洋洋460页，到1835年已经出到第四版，并且大概从那以后又出了几版，这本书尽管有些乏味、卖弄、不连贯的啰嗦话，但对主题的处理并不很糟。这位英国人正确地认识到，因果规律总是必然要涉及各种**变化**的，而且每一个结果都相应地是一个**变化**。这一点虽然很难不被他察觉，然而他却不愿意承认每一个原因也同样地是一个**变化**，因而整个过程也不外是在时间中彼此前后相继的**变化**的不间断的联系。相反，他笨拙地坚持把原因称为先于变化的**客体**或**实体**，并且由于这一完全错误的表达使他在自己冗长的著作中处处自找苦吃，尽管他知识丰富并且有良心做依据，但是这种错误的表达，却弄糟了他全部的仅仅为了使他的定义绝不是立足于其他人以后或许会在其他地方加以论述的宇宙论证明而做的解释，———但是，什么样的真理值得需要用这样的手段去为自己开辟道路呢？

　　并且，自从康德在他的《纯粹理性批判》中已经给宇宙论证明以致命打击后，我们自己的这些可敬而诚实的德国哲学教授，为他们所热爱备至的宇宙论证明还在干些什么呢？他们是珍视高于一切的真理的人。确实，他们是到了才穷智竭的地步，———这些大人物是很清楚这一点的，虽然他们没有这样说———因为第一原因就像自因一样，是一个自相矛盾的用语，尽管前一个表达较之后一个运用得更加普遍。而且他们在说这番话时，经常还摆出虽说不上庄重，但也十分严肃的架势；而且许多人，尤其是英国牧师们，当他们充满情感地着重提及这个自相矛盾的用语时，把目光转向了一条真正的启示道路；这就是"第一原因（causa prima）"。他们知道这个第一原因就像空间的终点或者时间的起点一样是不可想象的。因为每一个原因都是一个**变化**，它必然迫使我们去追寻造成这一变化的前一个变化，如此以至无穷，无穷！甚至物质的第一状态，一切后来状态都由此而得以延续，由于它已经不再是第一状态了，也就成为不可想象的。因为如果这个第一状态本身曾经是后来状态的原因，那么这些后来状态必定同样已经永恒地存在了，而且存在于当前的现实状态也不可能仅仅是现在才产生的。另一方面，如果这个第一状态只是在某一既定的期间内才开始成为因果关系的状态，那么由于它不再是静止不动的，它就必定已经被这种或那种东西所改变了；但另一方面某种事物必定已经发生，某种变化也就必定已产生；这就再一次迫使我们去追寻它的原因——也就是一个先于它的变化；于是我们又一次踏上了因果关系的阶梯，我们在这上面一步一步地被驱赶着，越来越高，没有止境，没有止境！（这些绅士肯定无脸对我谈起物质本身是从虚无产生的！如果这样，他们将发现等候着他们的进一步的必然结果。）因此，因果规律并不像一辆出租马车那样随人摆布，只要到达了目的地就把它打发走；它更像歌德的诗中所说的[①]，一个学徒的小巫师使一

---

① 歌德：《小巫师》。

个扫帚获得了生命，而一旦这扫帚动了起来，就停不下来而且不停地扫水，直到老巫师本人来了才把它止住，因为只有这位老巫师才有这般法力。然而，在这些绅士中间，却没有这位老巫师。那么，这些绅士们又做了些什么呢？这些高贵而虔诚的真理的热爱者们，自然是最先知道自己的价值的，他们当然始终关切着去宣布，真正的业绩一旦在他们的表白中得以证明，就全部告成了，他们绝不希图用巧妙回避的和秘而不宣的手法将注意从那些他们实际上只是看起来如此的著作上移开，这的确是真的，就像蠢材的确爱戴高于一切的智者一样。他们是怎样去挽救他们的老朋友，那正处在极端悲惨的境地中奄奄一息的宇宙论证明的呢？原来他们想出了一个巧妙的计策。他们说："朋友"，自从命运使你遇到了那位柯尼斯堡的固执老头以后，你的处境非常不妙，你的兄弟们，本体论神学和物理学神学证明的处境也不比你好。不要紧，你不会被我们抛弃的（你知道，这就是我们所付出的代价）；只是你必须换一换你的外衣和名称——这是无济于事的——因为假使用真正的名字来称呼你，任何人都会溜之大吉。相反，**隐名埋姓**，我们就能够牵着你，并再次将你领进社会；只是像我们刚才说的，你必须隐名埋姓！这就是肯定的答复！首先，你的论证必须因此而被称为**绝对**。这种称呼具有陌生、庄严而高贵的味道，没有人比我们更懂得摆出大架子就完全可以对付这些德国人了。当然，人人都知道它的真正含义是什么，并且以这种学问自夸。但是你必须主动地把自己在省略三段论的形式中掩藏起来。你一定要抛弃所有那些公开的三段式和前提，用这些东西你过去常常把我们引入了令人厌烦的漫长道路，因为谁都知道这些东西是怎样的毫无用处。像一个言而无信的人那样厚着脸皮,端起自满自足和目空一切的架子站出来,你一定会一举成功的。高声叫道(我们也会随声附和的),"绝对,该死的!它必须存在,否则一切都将不存在!"来,用你的拳头去捶打桌子。绝对是从哪里来的?"多么愚蠢的问题!难道我没有告诉你它是绝对吗?"——真是够了,够了!德国人习惯于从字面上而不是从思想上使自己得到满足。我们不是从他们生下来就这样地训练他们吗?只需看一看黑格尔主义吧!它不过就是一些空洞的、虚假的、令人作呕的废话罢了!然而,这位哲学上的趋炎附势之徒的经历是多么辉煌!几个被雇来的人只是勉强为这种劣货喝了个彩,他们便立刻在由一千个笨蛋组成的空谷中找到了回声,——这回声在不断地回荡和扩散——看吧!一个才智平庸的人,一个普通的骗子转眼便成了伟大的思想家。所以,拿出勇气!并且,我们的朋友和恩人,我们还将从其他方面来帮助你,因为说实在的,没有你我们还怎么活?那位好吹毛求疵的老头康德,对理性进行了批判,而且捆住了她的翅膀,对吗?那好,我们就发明一种**新的**理性,比如一种闻所未闻的理性,——一个并不思想,而只掌管直觉的理性,——一种审视观念(这是为故弄玄虚而制造的一个夸张的字眼),亲自来审视观念的理性;或者说对你和别人力图证明的东西直接地加以理解的理性;再或者说,一种预示着所有这一切的理性——最后这一点对那些无意做出大的**让步**,但也想得到一点小小满足的人,是很有用处的。这样,出于这种新的理性的直接启示,也就是出于上述的这些启发,我们还是放弃早先已经深入人心的通行概念吧。至于那种已被批判过了的过了时的理性,让我们把它降级称为知性,把它撵走吧。然而,真正的、真实的知性又是怎样的呢?——我们究竟应当怎样对待这种真正的、真实的知性呢?——你带着怀疑的表情微笑着;但我们知道,我们的听众,善男和信女们,正坐在我们面前听讲用的条凳上(参阅歌德的诗《时代的标志》)。范鲁拉姆的培根在他的时代曾说,"青年人在大学里学习信仰"。在这一方面,他们想跟我们学多少就能够学多少;我们手头存有一大堆关于信仰的论文。假如你被什么疑虑所困扰的话,那么请你记住我们是在德国,任何其他国家都将是不可能的事,在这里却会发现是可能的:这里有一个迟钝的、无知的、冒牌的哲学家,他的难以名状的空洞而冗长的论述将人们的思维完全彻底地搅乱了,这样一个荒唐的劣等作家——我说的就是深受爱戴的黑格尔——实际上不仅不受谴责,甚至也不遭耻笑地被宣布为深刻的思想家,而且还准备接受这样的褒奖:的确,这种虚构的东西已经得到了过去三十年的信任,而且直到今天还在被相信着!——因此,我们一旦在你的帮助下有了这个绝对,那么,尽管有康德和他的批判,我们也是十分安全的。——这样我们就可以唱起哲学的高调,把宇宙用一种根本不同的演绎法,从绝对中推演出来,这种推演一个比一个令人厌烦,——顺便指出这就是它们仅有的相似之处。这样,我们可以把世界称为有限,而把绝对称为无限。——这就给我们的无稽之谈提供了一个可以接受的变换,——并且不谈上帝以外的任何事物,单纯地解释他怎么样,为什么,然而就通过什么样有意或无意的步骤创造出或产生出世界的,表明他是在世界之中,还是在世界之外,等等,似乎哲学就是神学,似乎它在找寻关于上帝的启示,而不是关于宇宙的启示!

因此,我们在这里所涉及的,而以前我们只是简略提到过的关于宇宙论证明的论述，严格说来，就在于它断言了关于**生成**的充足理由律或因果规律必然导致一种将这种证明摧毁并宣布它为无用和空虚的思想。因为第一原因绝对只能通过结论上溯到理由的过程，通过一个无限延续的系列才能达到；然而，如果不立刻取消充足理由律，要在第一原因那里停止下来是不可能的。

正如我们在第二章表明了本体论证明的无效那样，我在这里又简明扼要地表明了宇宙论证明的无效，这样，赞成我的读者可能希望我对物理学—神学的证明也采取同样的做法，这个证明更是似是而非。然而，由于它本身的性质属于一个不同的哲学知识范围，在这里要讨论它是十分不恰当的。因此我向赞成我的读者推荐康德的《纯粹理性批判》以及《判断力批判》，在那里他内行地处理了这一课题；我还要向赞成我的读者推荐《自然界中的意志》①中我本人对康德消极做法的一个补充，这虽然不是一本大部头的著作，但内容却充实而有分量。至于那对此并不关心的读者，他尽可以将这本著作，或者确切点说，所有我的著作，不加阅读地传给后代。这不关我的事；因为我不是为一代人而是在为许多代人写作。

这样，由于因果规律是先验地为我们所知，并因而是一种超验的规律，可以适用于一切可能的经验因而是毫无例外的，这正如将在本书第 21 节中所要表明的；并且，它根据一个已知的、确定的、相对来说的第一个状态，决定了同样确定的第二个状态必然地有规则地也就是永恒地接着产生；所以原因和结果的联系是必然的

---

①　见《叔本华著作集》(10 卷本)，第 5 卷，狄奥根尼出版社，德文版，1977 年。

联系，这样，因果规律就使我们能够建立起假言判断，从而也表明因果规律本身也是一切判断都必须建立于其上，并且正如我们将进一步表明的，作为一切必然性的基础的充足理由律的一种形式。

充足理由律的这一形式，被我称为**关于生成的充足理由律**，因为它的应用一律都事先假定了一个变化，一个新状态的出现：因而也就是新状态的生成。它的一个本质特征是：在时间中由因果关系联结起来的两种状态，原因总是先于结果（参照第 47 节），这就为我们提供了在由因果关系联系起来的两个状态中区别什么是原因、什么是结果的唯一的原始标准。而在某些场合则相反，我们对因果联系的认识，是通过以前的经验；但是不同状态前后相继的速度是如此之快，以至于其中发生的顺序没有被我们的知觉所觉察。于是我们便根据因果性而对连续做出完全有把握的推断：例如，我们由此推断出火药的点燃是在爆炸之前。[①]

从因果性和连续之间的这种本质联系可以得出，关于相互作用的概念严格说来是没有任何意义的；因为它假定了结果将再一次成为它的原因的原因：这就是说，跟随在后的东西同时也是领先于前的东西。在我加在我的主要著作中并向我的读者推荐的"康德哲学批判"[②]中，我详细地表明了这一受人喜爱的概念是不能接受的。也许可以说，恰恰是在作者的思想越来越缺乏条理的时候，才往往求助于这个概念，并且这也就是这一概念为什么频频被使

---

　　① 　在此，我请读者参考《作为意志和表象的世界》，德文第 2 版，第 2 卷，第 4 章，第 41 页；第 3 版，第 45 页。

　　② 　同上书，第 2 版，第 1 卷，第 517—521 页；第 3 版，第 544—549 页。

用的原因。而且显然，当一个作者陷于才穷智竭的境地时，"**相互作用**"这个词来得要比其他词汇方便；实际上，它可以被当作一种报警信号，表示着作者已经流于肤浅。还值得指出的是，"Wech-sel-wirkung"这个词，照字面来讲是相互运动，——或者照我们的**翻译，相互作用**——是只能在德语中才能找到的，并且在任何其他语言日常用语中，是不存在与之含义完全相等的字眼的。

　　以因果规律为根源，产生出两个必然的结果，这两个结果作为先验的认识，因而作为无可非议并且毫无例外的认识而被认可了。这就是**惯性规律**和**实体不灭规律**，前一个规律证明，一个物体可能存在于其中的任何一种状态——静止状态以及任何一种运动状态，——除非有某种原因伴随发生而将它改变或取消，必定是毫无变化，毫不减小或增大地永远保持原状。而另一个使物质永恒得到确认的实体不灭规律，则来自这样一个事实，即因果规律只是适用于物体的**状态**，诸如静止、运动、形式以及质料，因为它只是专门地支配这些状态在时间上的产生或者消失；但是，它不适用于承受着这些状态的存在，我们也把这个存在称为**实体**，以便确切表明它是外在于一切产生和消失的。"**实体是不灭的**"，这意思是说，实体是既不能产生，也不能消失的：因而它在宇宙中存在的量是既不能增加，也不能减少的。我们对此的先验认识，是由我们意识无可辩驳的确定性所证明的，因此，当我们看到一个物体消失时——不管这种消失是因为咒语，还是精细的不断分割，还是燃烧，还是挥发，或者实际上由于任何一种过程，——我们都仍然坚决地假定它的实体，也就是它的物质，必定是以没有减少的量存在于这个或那个地方，不论它的形式是如何变化；同样，如果我们感觉到一个物体在它以前并不存在的地方突然出现了，这必定是由一些不可见的细小部分的结合所造成或形成的——例如，沉淀——但是它，也就是它的实体，却不可能是到这时才开始存在的；因为这是完全的不可能并且是不可想象的。我们据以事先先验地假定这一点的确定性产生于这样一个事实，即我们的知性绝对不具备据以想象物质的开端与结束的形式。因为如前所述，因果规律——我们由以想象一切变化的唯一形式——只是适用于物体的**状态**，并且在任何情况下都绝不适用于**承受**了所有这些变化的存在：**物质**，这就是为什么我要把物质永恒的原则归之于因果规律的必然结果的原因。而且，我们是不能后天地得到关于实体不变的确信的，这部分是由于在大多数情况下，这一确信是不能后天经验地建立起来的；部分也是由于任何一种仅仅凭借归纳法而获得的经验知识，只具有近似的，因而是不充分的确定性，而绝不具有无条件的确定性，因此，我们关于这一原则的信念的确定性，与我们对任何**经验地**发现的自然规律的精确程度的确信把握相比，属于一个不同的种类和性质，因为它具有一个根本不同的、绝对牢固的、从不动摇的确定性。关于这一点的理由是，这个原则表明了一种**超验的**认识，即一种先于一切经验地决定和确定在整个经验范围中按任何方式来说是可能的东西的认识；但恰恰由于这一点，它把经验世界归结为纯粹的脑的现象。甚至自然界的非超验的规律中最有普遍性的，并且是最少有例外的规律——引力规律——也是属于起源于经验的，因而不具有关于其绝对普遍性的保证；所以它一次又一次地被质疑，偶尔也出现在我们的太阳系以外对于它的有效性的怀疑中；而且天文学家们小心翼翼地注意着任何他们可能会遇到的任何表明它的可疑性迹象，从而表明他们是把引力规律看作是纯粹的经验规律。我们当然可以提出它在被**绝对**虚空所分离开的物体之间是否有效的问题，或者在某个太阳系中引力作用是否可以不由某种以太为中介的问题，以及在恒量之间引力作用是否完全可以继续存在的问题；但是，这些问题都只能容许有一个经验的解决，而这也就证明了在这里我们并没有涉及先验的认识。另一方面，如果我们承认康德和拉普拉斯的假设，这是一个最有希望的假设，即假定每一个太阳系都是由原始**星云**通过凝聚过程逐渐发展而来的，我们就一刻也不会去设想原始的实体从**无**中产生的可能性：恰恰是由于实体不灭原则的超验性质，我们必须假定在这里或那里事先就存在着实体的微粒，以及由于这样或那样的原因它们聚集到了一起。在我的"康德哲学批判"[①]中，我详细地说明了，所谓**实体**不过是**物质**的另一个名称，离开了物质，实体的概念就是不现实的，因而它的根源是来自物质，并且我还特别指出了那个专门服务于一种不可告人目的的概念是怎样形成的。正如许多其他同样确凿的真理一样，物质的永恒性（所谓实体的不变性）是哲学教授们的禁果；于是他们扭扭捏捏地对其侧目一瞥，便溜走了。

正是由于决定着一切**变化**但又从未超出变化的无穷无尽的原因与结果的链条的作用范围是有限的，所以有两个现存的东西不为所动地保持着原状：一方面，正如我们刚才所表明的，是**物质**；另一方面，是自然界的原始**动力**。前者（物质）始终不受因果关系的影响，因为它是**承受着**一切变化的东西，或者说它是变化的**基础**；

---

① 见《作为意志和表象的世界》，德文第 2 版，第 1 卷，第 550 页；第 3 版，第 580 页。

后者(原始动力)始终不受因果关系的影响，则是因为它将因果关系赋予了原因，也就是把发生作用的能力赋予了原因，因而原因占有它就像封臣占有了采邑。原因和结果是与时间中的必然连续联在一起的**变化**，而使一切原因发生作用的各种自然力，却不发生任何变化，因此从这个意义上讲，它们是处于时间之外的，但恰恰又是由于这个原因，它们始终处处储备着，无时不在并且不可穷尽，只要因果关系的线索提供了机会，它们随时准备使自身得到显示。一个**原因**和它的**结果**一样，始终是某种个别的东西，是单个的变化；然而自然力则是某种普遍的、永恒不变的、无时不在和无处不有的东西。例如，一段细线被琥珀所吸引，在目前就是一个结果；它的原因则是事先琥珀与细线的摩擦和实际接触；以及其中发生作用并决定这一过程的**自然力**，也就是电。关于这件事情的解释可在我的主要著作①中见到，我在那里还表明了在一个由许多原因和结果组成的长链条中，一些极不相同的自然力是怎样相继在其中发生作用的。通过这一解释，暂时的现象与发生作用的不变形式之间的区别，就变得非常清楚了；而且，由于整个第26节讲的都是关于这个问题，这里提供一个简明的概述也就足够了。自然力借以在原因和结果的链条中显示自身的**规则**——因而也就是把自然力同原因和结果连接起来的链环——就是自然规律。但是，自然力与原因之间的混淆，就像它对思想条理性的侵害一样时有发生。看来的确还不曾有人在我之前对这些概念之间的区别做出

---

① 见《作为意志和表象的世界》，德文第2版，第1卷，§26，第153页；第8版，第160页。

精确的规定,不论做出这一区分也许已经是多么的当务之急。自然力不仅通过诸如"电力、引力等等是某某的**原因**"这种表述而转变成为原因,而且甚至被那些荒谬地为电力、引力去寻找原因的人变成了结果。然而,用把一个东西归结为另一个东西的方法来减少自然力的数目,例如磁力在我们的时代已被归结为电力,完全是另一回事。每一种**真正**的,因而也就是真实的原始自然力——并且每一种基本的化学特性都属于这些力——在本质上是一个超自然的质,也就是说,它不容许有物理学上的说明,而只能有形而上学的解释,或者说,只容许有一种超越于现象世界的解释。在将原因和自然力混淆起来,或者不如说等同起来这一点上,曼·德·比兰(Maine de Biran)的《物理学和道德学新论》是远非他人所能及的,因为这是他的哲学所必不可少的。还应该指出,当他说到原因时,他很少单独使用**原因**这个字眼,而几乎总是喋喋不休地谈论"原因或力",恰如我们以前在第 8 节中看到的,斯宾诺莎在同一页书上使用"理由或原因"这个词就达八次之多。这两位作者都显然意识到了他们将两个根本不同的东西等同了起来,以便能够根据不同的情况,随心所欲地使用这一个或另一个;为了这一目的,他们不得不面对读者一再坚持这种等同。

现在,作为每一种变化的决定者的因果关系,根据**三种**不同的形式使自己在自然界中得到了体现,这三种形式就是:作为最严格的意义上的**原因**的形式;作为**刺激**的形式;作为**动机**的形式。无机物、植物、动物之间的真正的、本质的区分正是以这些形式之间的不同为基础,而不是以外部的、解剖学上的区别,更不以化学上的区别为基础。

一个最狭义的原因，就是仅仅使**无机界**中的变化随之产生的原因，也就是说，使那些构成机械学、物理学和化学的主题的结果随之产生的原因。牛顿的第三定律，"作用力和反作用力彼此相等"，就专门适用于这种原因，这个定律还阐明了，在先的状态（原因）承受着与它所造成的状态（结果）相等的变化。而且，仅仅是在因果关系的这种形式中，结果的度才总是与原因的度完全一致，这就使我们能够通过其中的一个来精确地计算另一个。

因果关系的第二种形式是刺激。它以这种形式支配着**有机的**生命世界，也就是说，支配着各种植物的生命和作为动物界生命中无意识部分的植物性成分。这第二种形式以缺少第一种形式的特有标记为特征。因此在这种形式中，作用与反作用是不等的，而且一个结果的强度在一切情况下无论如何都不与它的原因的强度相一致；事实上，原因的强化甚至可能导致相反的结果。

因果关系的第三种形式是动机。在这种形式下面，因果关系支配着动物生命本身：这就是说，支配着一切动物外部的、有意识地进行的活动。动机的媒介就是认识：因而理智是为动机的感受性所需要的。因此，动物的真正特征在于认识能力和表象能力。这样，动物总是按照某些目标和目的来活动，因而这种目标和目的必定已经为动物所认识：这就是说，目标和目的必定已经把自身作为某种与动物本身不同而又为动物所意识到的东西呈现给了动物。因此，动物的中肯定义应当是：进行认识的东西，因为任何其他定义都不切中这一特点，或者甚至可能经不起研究的检验。没有认识的能力，就必然没有由动机产生的运动，而由刺激导致的运动只能维持植物的生命。所以，感应性与感受性是不可分割的。

然而,动机显然是按照与刺激完全不同的方式在起作用,前者的作用可以非常短暂,甚至只需要一个瞬间;因为动机的功效不同于刺激的功效,并不与这种作用的期间长短,以及与对象的接近程度等等有任何关系。因此,一个动机只要被领悟就获得了结果,而刺激则始终需要有外部的,经常甚至是内部的接触并且总是需要有一定的时间长度。

这一关于因果关系的三种形式的简要概述,到此也就足够了。这些形式在我的获奖论文《论自由意志》里得到了更充分的阐述。① 然而,有一件事情却仍然需要加以强调。原因、刺激和动机之间的区别,显然只是存在物的**接受性**的不同程度的结果:存在物的接受性越强,所受影响的性质也就可以越微弱:一块石头需要碰撞,而人则服从于观察。然而,这两者都是被一个充足的原因所驱使,因而具有同样的必然性。**"动机的形成"**,不过是经历了认识的因果关系,而理智则是动机的工具,因为它是最高程度的接受性。然而,因果规律并没有由此失去任何严密性和确定性;因为动机就是原因,并且按照为一切原因所具有的同样必然性而发生作用。由于动物的理智较为简单,只是局限于对当前事物的知觉,因而在动物那里,这种必然性就容易被觉察。人的理智是双重的:因为人不仅具有直观的认识,而且也具有抽象的认识,这种抽象的认识并不局限于当前的东西。人具有理性,因而他具有运用明确的意识做出抉择的力量;就是说,他能够对各种彼此互相排斥的动机进行权衡;换言之,他能够让这些动机在自己的意志面前进行较量。然

---

① 见《伦理学的两个基本问题》,德文版,第30—34页。

后，最强有力的动机就以和一个球被碰撞后滚动起来恰恰相同的必然性决定了他和他随之而来的行动。意志自由的含义是（这不是教授们的废话），"某个既定的人，在**既定的场合，能够按**两种不同方式行动。"但是这一论断的完全背理性，却像任何能够超出纯数学界限的真理一样，是一个确定的并被清楚证明了的真理。在我的《论意志自由》这篇获得了挪威人士褒奖的论文中，这一真理以更加明确、更加有条理和前所未有的彻底性方式而被证明，而且，在这里还专门涉及了有关我们意识的一些事实，无知的人以为根据这些事实那些背理性将会得到证实。然而，从本质上说，霍布斯、斯宾诺莎、普利斯特列、伏尔泰，甚至还有康德①，全都讲述过同样的主张。我们的职业哲学家，当然不让这去妨碍他们关于自由意志的鸿篇大论，好像这是一个从来不成其为问题的不言自明的事情。但是，这些绅士是如何想象上面提到的伟人受大自然的

---

①　"不论人们从形而上学的意图形成了什么样的自由意志的概念，然而它的现象，即人的行动，都必定受普遍的自然规律支配，就像在自然中任何其他事件一样。"（康德：《一般历史观念》，导论，Ⅰ。）

　　"一个人的一切行动，就它们是现象来说，都是按照自然的秩序，根据他的经验特征和其他一些伴随原因而被决定的，并且我们如果能够对他的意志的所有表现进行刨根问底的研究，那么就将没有一个单个人的行动不能被我们以确定的方式来预言和根据其必然的先行条件而认识。因此，不存在与这种经验特征相联系的自由，然而当我们单纯地**观察**并且像人类学那样对人的行动的目的因试图进行生理学的研究时，我们就能认为人仅仅是同自由有关的。"（《纯粹理性批判》，德文第1版，第548页；第5版，第677页。）

　　"因此可以理所当然地认为，如果我们能够对一个人从他内部和外部活动体现出来的思想方式有足够充分的了解，从而使我们认识每一个，哪怕是最细小的动机并以同样的方式认识影响这一些行动的全部其他原因，那么我们将来就有可能像计算日食或者月食一样准确地计算这个人的行为。"（《实践理性批判》，罗森克朗兹编，第230页；第4版，第177页。）

恩赐而降生于世的呢？难道是要使他们(这些教授们)能够借哲学以谋生吗？——既然我在我的获奖论文中对这一真理做了空前清楚的证明，而且既然上流社会已经通过把我的论文载入史册而确认了这一证明，这些大人物就他们所持的观点而论，的确应当向这种如此有害的主张、这种如此可恶的异端发起一场强大的攻势，并将它彻底驳倒。而且，由于我在另一篇论文《论道德的基础》①中已经证明了康德的实践理性及其强制性范畴的毫无根据，而这又在道德律的名义下一直被这些绅士们用来当作他们自己浅薄的道德体系的基石，所以这一任务就更加紧迫了。我是如此明确又无可辩驳地表明这是一个无用的假定，以致稍有鉴别能力的人都不再可能相信这种虚构。——"噢，他们也许是这样做的。"——不！他们是非常小心地不在这种容易栽跟头的地方冒险的！他们的本事就在于管住自己的舌头；沉默就是他们为反对理智、真诚和真理所做的一切。在他们从 1841 年以来出现的粗制滥造的作品中，没有一个丝毫注意到了我的《伦理学》——无疑这是最近六年以来出版的关于道德哲学的最重要的著作——而且，他们对我和我的真理的惧怕是如此厉害，以致没有一家学院或大学主办的学术杂志甚至提到这本书。Zitto，Zitto（安静，安静），以免公众看出什么名堂，这就是他们的全部策略。无疑，保存自己的本能可能就是这些狡计的起因，难道哲学不应该如此鹤立鸡群，只以真理为唯一目标，除此之外不考虑别的，而倒应该去迎合那在众说纷纭的影响下由那些只凭感情礼貌资格的人而建立的渺小体系吗？他们对我的

---

① 见《伦理学的两个基本问题》。

著作可鄙的惧怕就是对真理的惧怕。也不能否认，恰恰是这个关于意志一切活动的完全必然性的主张，是必然与他们所偏爱的跟着犹太教的榜样亦步亦趋的"老妇人"哲学的全部假设相矛盾的。然而，这种经受过严格检验的真理，是绝不会被所有这一切扰乱的，作为一种可靠的证据和标准，作为一个真实的"给我一个支点"（阿基米德语），它证明了整个这种"老妇人"哲学的无用性质，并且证明了对一种关于宇宙和人的根本不同而又无与伦比的深刻观点的迫切追求。——不管这种观点与职业哲学家的官方职责是否相符。

§21　因果关系概念的先验特征——经验知觉的理智特征知性——

在我们的哲学教授们讲授的教授式的哲学中，我们直到今天还被教导说关于外部世界的知觉属于感觉的事物，然后便跟着一个分别对五种感觉进行的冗长的论述；然而却从未提及关于知觉的理智特征：就是说，从未提及这样一个事实，即知性的主要作用就在于通过其特有的因果关系形式，连同以因果关系为前提的纯粹的感性形式时间和空间，从根本上创造和产生了由少数感官的原始材料组成的对象的外部世界。而对这一点，我已经在本文第 1 版[1]对知性的几个主要特征做了论述，并且后来又在我的论文《论视觉和颜色》（1816）中做了更为充分的发挥，罗萨斯（Rosas）教

---

[1]　1813 年，第 53—55 页。

授曾对这篇论文表示赞赏，因为他承认该文使他趋流于抄袭。①
但是我们的哲学教授为了确保他们对人类的永久占有却不愿对此
给予丝毫的注意，甚至也不愿稍微注意一下我作为毕生目标和工
作而阐述的任何其他伟大而重要的真理。这种观点不对他们的口
味，或者不合他们的意见；它绝不通往神学，甚至也不适合于为较
高级的国家目的去培养学生。总之，职业哲学家们并没有意识到
要向我学习，甚至也没有看到他们可以向我学习的东西有多少：也
就是说，没有看到他们的孩子，以及孩子的孩子将要向我学习全部
东西。他们宁肯坐下来为了所谓公众的利益，去编造冗长的形而
上学奇谈，而每个人都缺少自己的思考；而如果手指头就是一个充
分的资格的话，那么这个资格他们无疑是具备了。当马基雅弗利
说到在他之前赫希俄德②就讲过的话时，他是多么正确呀！他说：
"有三种类型的头脑：第一种是依靠自己去获得关于事物的知识并
理解它们；第二种是通过别人向他们讲解而认识真理；第三种则是
既不能通过自己也不能通过别人去获得真理。"③

　　的确，这样一种设想是必定要为众神所摒弃的；这就是去设想
外部的、可感知的世界，充满了三维空间并在不可逆转的时间长河
中运动，每一个步骤都毫无例外地受因果规律支配，并且总而言之
仅仅服从于我们在一切关于它们经验之前就能指明的各种规
律，——我们说，这是这样一个世界，它可以具有一个外在于我们

---

　　①　进一步的详细叙述见我的《自然界中的意志》，德文第 1 版，第 19 页；第 3 版，
第 14 页。

　　②　赫希俄德：《神谱》，第 293 页。

　　③　马基雅弗利：《君主论》，第 22 章。

的，排除任何我们自身力量的真实而客观的存在，然后它找到了通过单纯的感觉而进入我们的头脑的方式，这样在我们内部便有了一个同外部存在一样的第二性的存在。然而单纯的感觉毕竟是何等极其可怜的东西！甚至在我们最高级的感官中，它也不过是一个局部的、特殊的感受，容易被某种细微的变化影响，而本身又总是主观的并因而不能包含任何客观的、类似知觉的东西。由于感觉始终是一个机体内部的过程，而且本身局限于表皮的范围内；因此它不包含有超出这个范围之外的东西，或者说不包含任何外在于我们的东西。一个感觉可以是快乐的或者痛苦的，——这表示出一种与意识的联系——但是在任何感觉中，都不存在有客观的东西。在感官中，感觉由于神经末梢的汇集而增强了，并且容易由于这些神经末梢的广泛分布以及包裹它们的表层的灵敏而无端地激动起来；此外，我们感官中的感觉还尤其容易接受某些特殊影响，如光线、声音、气味；尽管如此，这种感觉就像我们身体内部的所有其他感觉一样，也始终是单纯的感觉，因而在本质上是某种主观的东西，对于它的变化我们只能通过我们**内**感觉的形式时间而直接地去认识，也就是说，在时间中连续地去认识。只是当**知性**开始发生作用的时候，——这不是那种单一的、灵敏的神经末梢的功能，而是一个被称之为大脑的奇妙的、复杂的、重约五至十磅的结构的功能，——只是当它开始运用它独有的形式——**因果规律**时，才发生了一个强有力的转变，主观的感觉由此而成为客观的知觉。知性借助于它本身的特有的形式，因而是先验的，也就是先于一切经验（因为在此以前，一切都不可能存在）的形式，把已知的肉体感觉设想为一个**结果**（这是唯独知性才能理解的一个词语），这样的结果必然地包含了一个**原因**。它同时唤起同样现成地存在于它的理智（即大脑）中的**外**感觉形式空间的协助，以便把这个原因移到机体之外。正是由于这样，外部世界才首次产生了，只有空间才使它成为可能，这就使先验的纯粹直观必须为经验的知觉提供基础。正如我马上就要进一步表明的，知性在这一过程中，运用了这些由已知的感觉提供给它的所有材料，甚至是最细微的材料，以便在空间中将它的原因构造得与这些材料相一致。然而这种理智的作用（这遭到了谢林①和弗里斯②的断然否认）并不是借助于概念和词句的推理和反思而从抽象中产生的；相反，它是一个直观的和完全直接的过程。因为只有这样，因而只是唯独**在知性之中**并且**由于知性**，真实的、客观的、充实于三维空间的有形世界，才按照相同的因果规律，使自身得到体现，并进而在时间中进行变化和在空间中进行移动。——因此正是知性本身创造出了客观的世界，因为这个世界是不能通过感觉和感官的孔道现成地毫无生气地从外面走进我们大脑的。事实上，感觉所提供的，不过是被知性立即用来制造关于有形世界的客观观念的素材，这些素材通过我们已经表明了的简单形式即空间、时间和因果关系的形式而服从于一些固定的规律。所以，我们日常生活中的**经验知觉**是一个**理智**的东西并且有权要求这一属性，而德国的冒牌哲学家却把它交给了一个梦幻世界的虚假直观，他们所偏爱的**绝对**假定要在这里完成自身的发展。现在，我将通过指出由以建成美丽大厦的材料是多么的粗

① 谢林：《哲学著作集》，德文版第 1 卷，第 237、238 页。
② 弗里斯：《理性批判》，德文第 1 版，第 1 卷，第 52—56、290 页。

糙，来表明感觉与知觉的天壤之别。

　　严格说来，客观的知觉仅仅利用了两种感觉：触觉和视觉。唯有这两种感觉提供了作为基础从而使知性按照刚才叙述的过程在其上构造出客观世界的材料。其余的三种感觉则基本上仍然是主观的，因为这三种感觉虽然也指出了一个外部的原因，然而并不包含能使这个原因在**空间**中的关系得以确定的材料。**空间**是一切知觉的形式，也就是严格说来对象只能在其中使自身体现出来这样一种理解的形式。因此，其余的三种感觉无疑能有助于表明被我们用某种其他方式已经得知的对象的呈现；但是在这样的感觉材料上却不可能建立起任何空间构造，因而也就不可能建立起任何客观的知觉。一朵玫瑰并不能因其香味而被构造出来，一个盲人可以终生没有最细微的关于音乐家、乐器或者空气振动的客观表象而听到音乐。另一方面，听觉作为语言的媒介物具有重要的价值，并且由此它成之为理性的感觉。作为音乐的媒介物，听觉也很有价值，这是使我们不仅抽象地而且直接具体地理解无数关系的唯一途径。然而一个音乐的声音或者曲调，并没有提供关于空间关系的线索，因而也就从未促使它的原因的性质更加接近我们；而是我们逗留在它那里，因为它不是知性构造客观世界的材料。只有触觉和视觉才是这样的材料；所以，一个没有手和脚的盲人，虽然能够为自己先验地按照所有的空间规律去构造空间，然而他得到的只能是一个非常模糊的关于客观世界的表象。然而触觉和视觉所提供的绝不是知觉，而仅仅是知觉的素材。由于知觉绝不包含在触觉和视觉之中，所以，就像我马上将要表明的，这些感觉与那些通过自身而呈现给我们的事物甚至没有丝毫相同的性质。只是首先必须将真正属于感觉的东西同由理智在知觉中附加给感觉的东西做出明确的区分。这在开始的时候并非易事，因为我们是如此地习惯于从感觉立刻过渡到感觉的原因，以至于原因在我们还没有注意到与之不同的感觉时就把自身呈现给我们，好像感觉为这种来自知性的结论提供了前提。

这样，触觉和视觉首先都各有其特殊的长处，因此它们又彼此互相协助。视觉无须接触，甚至无须接近物体；它的领域是无限的，并且延伸到星际空间。而且视觉还易于感受最微弱程度的光线、阴影、颜色以及透明度；这样，它就为知性提供了大量非常精确地规定了的材料，知性借助于实践便能够由此而构造出物体的形状、体积、距离和性质，并且立刻将它们以可见的形式表象出来。另一方面，触觉的确有赖于对物体的接触；然而触觉材料是如此的多样化和如此真实可信，以至于成为一切感觉中最为彻底的感觉。甚至，由视觉得来的知觉，最终也将归结为触觉；而且，视觉也可以被当作是一个延伸到很远距离的不完备的触觉，它利用光线作为一个长长的触角；并且也正是由于它局限于以光线作为媒介，因而是片面的特性，所以是如此容易地陷入错觉；然而触觉则十分直截了当地为认识体积、形状、坚硬、柔软、粗糙、温度等提供了材料。在这里，视觉得到了援助，这部分是借助于我们的臂膊、手、指头的形状和灵活性，知性在感知对象的时候根据它们的位置获得了在空间中构造出物体的材料，部分是借助于肌肉的力量，从而使我们能够得知物体的重量、硬度、韧度和脆度，所有这些都极少会导致错误。

然而这些材料却无论如何没有产生出知觉，知觉始终是知性的产物。我用手压迫桌子而得到的感觉，并不包含关于这个对象中各部分坚实结合的表象，其实根本也不包含任何类似的东西。只是当我的知性从这种感觉进入到它的原因时，理智才为自己构造出一个具有固态、不可入和坚硬等特性的物体。如果我在黑暗中把手放在一个平面上，或者握住一个直径约三英寸的球，那么在这两种场合中，我的手的相同部位都会感受到压力；在前一个或后一个场合，知性只是借助于我的手所得到的不同位置，才构造出以与其接触作为感觉原因的物体的形状，这种原因由我所导致的位置变化而得到证实。一个天生的盲人在感知一个立方形的对象时，他的手的感觉在所有边线和每一个方向都是完全一致和相同的：各条边线其实是压在他的手的较小部位上，而在这些感觉中根本不包含任何类似立方体的东西。但是，他的知性却根据感受到阻力而得出了这种阻力必定有一个作为原因的直接的和直觉的结论，这个原因然后又通过上述结论把自己作为一个坚硬的物体而呈现出来；并且通过感知对象对他的手臂在运动而手的感觉始终不变，他在他先验地得知的空间中构造出了物体的立方体形状。如果一个关于原因和空间的表象，连同它们的规律不是已经就在那里存在了，那么关于立方体的形象就不会从他手上那些连续的感觉中产生出来。如果一条绳子从他手中拉过，那么他就将根据他感知到的摩擦及其持续时间的原因，构造出一个长长的圆筒形的物体，均匀地在他手中的特定部位朝着同一个方向移动着。但关于移动的表象，即关于由于时间而在空间中发生的位置变化的表象，却绝不会从他手上的纯粹感觉中产生；因为那种感觉从未包含，也从未通过自己本身而产生出任何这样的东西。相反，正是他

的理智必定先于一切经验地在自身之中包含了空间和时间的直
觉，以及同它们联系在一起的运动的可能性的直觉；而且它必定包
含有因果性的表象，以便从一个感觉——这是单独由经验提供的
感觉——进入到这个感觉的原因，并把这个原因作为具有这种或
那种形状、朝着这个或那个方向运动的物体构造出来。我的手的
纯粹感觉，与因果性、物质性，以及借助时间而在空间中发生的变
动性的表象之间的差别是多么巨大！我的手上的感觉，即使它的
位置和它的接触点变动了，也是一个极其单调和贫乏的材料，不能
使我由此而构造出空间及其三个维度的表象，和关于物体之间彼
此影响的表象，以及关于广延、不可入性、粘聚性、形状、坚硬、柔
软、静止、运动等等特性的表象；总之，不能使我构造出作为客观世
界基础的表象。相反，这只有在理智先于一切经验地在自身中包
含了作为知觉形式的空间，作为变化形式的时间，以及作为变化的
发生和消逝的支配者的因果规律时，才是可能的。这样，恰恰是在
所有这些形式的全部经验之前的预先存在构成了理智。从生理学
上看，理智是大脑的一种功能，大脑在这里通过经验而学习，就像
肠胃之于消化，或者肝脏之于胆汁的分泌一样。另外，许多天生的
盲人，获得了足够完备的关于空间关系的知识，从而能够在相当程
度上弥补视力的缺陷，并且做出惊人的功绩，对于这种事实，不能
再有其他解释。例如，一百年前的桑德森（Saunderson），他是一个
天生的盲人，曾在剑桥大学讲授光学、数学和天文学。[①] 而爱娃·
劳克（Eva Lauk）则恰恰相反，她天生缺胳膊少腿，但却单独借助

---

① 狄德罗在《谈盲人的信》中，曾对桑德森做了详细的解说。

于视觉像其他孩子一样迅速地获得了外部世界的精确知觉，对于这种事，我们也同样只能用刚才的方式去解释[①]。因此，所有这一切都证明，时间、空间和因果性不是通过触觉或视觉或者任何其他外部的东西而传输给我们的，它具有一个内在的，因而不是经验的，而是理智的起源。由此可以进一步推论出，关于形体世界的知觉本质上是一个理智的过程，是一个知性的产物，而感觉仅仅是在个别的情况下为它提供了可以利用的机会和材料。

现在我将对于视觉做出同样证明。在这里唯一直接的材料是由视网膜的经验而得到的感觉，虽然这种感觉包含着非常多的变化，但却可以被归结为对带有一系列中间程度的光明和黑暗的印象，以及对于色彩本身的印象。这种感觉完全是主观的：这就是说，它只存在于机体之内和皮肤下面。确实，如果没有知性，那么除了我们眼中感受的，与我们外部对象的形状、位置、接近或远离不会有任何相同之处的特殊的、各种各样的变化外，我们甚至永远不会意识到这些中间标度。因为在观看时的**感觉**所提供的，不外是视网膜的一种多样化的影响，恰如一个画家的调色板溅上了各种颜色的景象。假如当我们在凝视着一个广阔而美丽的风景时，突然在瞬间被剥夺了所有的知性，——例如由于大脑麻痹——，这样在我们的意识里，便不再有任何东西保存下来，然而感觉却照原样留了下来：因为这个感觉是我们的知性刚才用以构造出了上述知觉的素材。

这样，知性所以能够在空间的直观形式的帮助下运用将结果

---

① 见《作为意志和表象的世界》，第2卷，第4章。

归之于原因的简单功能,从如此有限的质料如光线、形状和颜色中制造出有着无限丰富的不同形状的可见世界,首先取决于这种感觉本身所给予的帮助:第一,视网膜作为表面,容许有各种印象的并存;第二,光线总是沿直线运动,并且它在眼睛本身中的折射也是直线的;最后,视网膜对碰撞在它上面的光线是来自哪个方向具有直接的感受能力,这一点恐怕只有用光线渗透到了视网膜的下面来解释。但是由此我们得知,单纯的印象立刻便指示出其原因的方位;就是说,它直接地指出了一个对象的位置,光线就是从这里射来或者被反射的。向这个作为原因的对象的过渡无疑是以关于因果关系的知识以及空间规律的知识为前提的,然而这种知识恰恰又构成了在这里又一次用单纯的感觉创造出知觉的**理智**的内容。现在让我们更加周密地考察一下知性进行这种活动的步骤。

　　知性所做的第一件事,就是去修正有关这个对象的印象,这个印象是颠倒地出现在视网膜上的。据我们所知,这个最初的颠倒,是以下述方式产生的。作为可见对象上的每一点都按直线向所有的方向发射光线,来自上端的光线与来自底端的光线经瞳孔上的缝隙互相交叉,由此上端射来的光线便碰撞在视网膜的底端,底端射来的便碰撞在上端,由右边射来的光线便投影在左边,反之亦然。眼睛上的折射器官,是由水状液体、水晶体、玻璃体所组成的,它只是将从对象射来的光线聚集起来,以便使它们在视网膜狭小的空间上为自己找到位置。这样,如果观看单纯是由感觉组成的,那么我们就会发觉对象的印象被完全颠倒了,因为我们就是这样地接受它的;但是在这种情况下,我们会把它看成是我们眼睛中的东西,因为我们将停留在感觉上。然而,事实上是知性通过感觉收到一个有关碰撞视网膜的光线的发出方向的材料时，便沿着颠倒的方向从两条路线追溯到了它的原因；这时候便产生了相反方向的交叉，并且原因作为一个外部对象在空间把自己呈现了出来，也就是说，在最初发射出自己光线的位置上，而不是这些光线所到达的视网膜的位置上把自己呈现出来。（见图一）——这一排除了一切其他解释，尤其是心理学解释的过程的纯粹理智性质，也可以从这样的事实得到证明，即如果我们把头放到两腿中间，或者头朝下地躺在一座小山上，我们却仍然看到对象是处在它们原来的位置上，并不发生颠倒；虽然视网膜通常与对象下部相遇的部位现在与对象的上部相遇了：的确，没有知性，一切事物都是颠倒的。

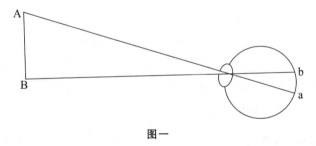

图一

知性将感觉转变为知觉所做的**第二件**事，就是从一种双重的感觉中制造出一个单一的知觉；因为事实上每只眼睛都从我们观察的对象那里获得自己的独立印象；每只眼睛甚至都从一个细小的不同方向进行观察；然而对象却把自己作为一个单一的东西呈现出来。这只能从知性中产生，并且它的发生过程是这样的：除了当我们观察远距离的对象，即离开我们超过二百尺以外的对象时，我们的目光从来不是完全平行的。在此外的场合，这两只眼睛全都指向一个我们观察的对象，它们借此而聚集在一起，以便在每只

眼睛发出的对准了对象中某一确定点的视线之间形成一个被称为
视角的**角度**；而视线本身则被称为视轴。这样，当对象直接地摆
在我们面前时，两条视线就正好碰撞在每个视网膜的中心，因而也
就落在每只眼睛中两个彼此完全对应的点上。尽管感觉在这里是
双重的，然而以找出一切事物的原因为自己唯一任务的知性，立刻
就认出这印象是来自外部的一个单一的点，并把它归为**一个**原因，
这个原因因而把自己作为一个单一的对象而呈现出来。尽管我
们看到了这个对象，但是我们把它看成是一个原因——这就是
说，看成我们经验的一个结果，因而是**在知性之中**的一个原因。
然而，由于我们用双眼所接受的不仅是一个单一的点，而是对象相
当部分的表面，而又把它看成是一个单一的对象，这就有必要对这
一解释做进一步的探讨。而对象中位于视角顶端一个边上的所有
那些部位不再直接地将它们的光线射到每只眼睛视网膜的中心，
而是射到每个视网膜的面上；客体位于视角两个边之中的那些部
位，则把光线射到同一个视网膜的面上，比如说左边视网膜的面
上。这样，视网膜上这些被光线碰撞的点，以及位于每个中心的
点，就是彼此对称地对应的——或者说，它们是**同型的点**。知性马
上就学会了认识它们，并且相应地也把前面提到的关于知觉的因
果规则扩展到它们那里，结果是，知性不仅把那些碰撞每个视网膜
中心的光线，而且也把所有其他碰撞在双眼视网膜上对称地对应
部位的光线，都归结为一个在观察对象中的一个单一的发光点，这
就是说，知性把所有这些点都同样地看成是一个单一的东西，并且
就整个对象来说也是如此。应当清楚地看到，在这个过程中，并不
是一个视网膜的外边与另一个视网膜的外边相对应，也不是一个

视网膜的内边同另一个内边相对应，而是一个视网膜的右边与另一个视网膜的右边相对应，如此类推；这就使得这种对称性的对应必定不是在生理学意义上，而是在几何学意义上采用的。在罗伯特·史密斯(Robert Smith)的《光学》，并且部分地在凯斯特内尔(Kästner)的德译本(1755)中，我们可以发现关于这一过程以及与此有关一切现象的大量的十分清晰的图样。我只是举出了其中的**一个**(见图二)，严格说来，它只是代表了下面提到的一种特殊情况，但是无疑，如果我们撇开点 R 的话，那么它也适用于全体。按照这个图解，我们始终使两只眼睛总是对准一个对象，以便使两个视网膜上对称的相应部位能够捕捉到从相同各点上射来的光线。这样当我们的眼睛沿边缘和所有方向上下运动时，对象中首先碰撞在每一视网膜中心上的点，每一时刻都碰撞在视网膜的不同部位上，但是在一切情况下，每只眼睛中的这样一个部位，都与另一只眼睛中具有同样名称的部位相对应。在考察一个对象时，我们让眼睛在其上向前和向后滑动，以便对象的每一个点都陆续地与看得最清楚的视网膜的中心接触：这样我们就用眼睛彻底地感受到了它。因此显然，我们单凭两只眼睛的观察，事实上与通过十个手指对一个物体的感受是相同的过程，其中每个手指都获

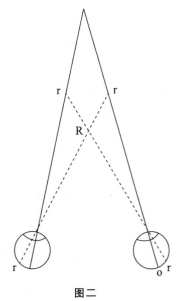

图二

得了一个不同的印象,而且每个手指都处于一个不同的方位:然而这些印象的总和被知性认为是来自**一个**对象,因而知性在空间中把握并构造出它的形状和体积。这就是为什么一个盲人可能成为一个雕塑家的原因。例如著名的约瑟夫·克兰汉斯(Joseph Kleinhanns),他 1853 年死于提洛尔,从五岁起就是一位雕塑家。①因为,不论可以从什么样的原因中获得自己的材料,知觉都永远是知性的工作。

但是,正像如果我把手指交叉起来去触摸一个单个的球,这个球在我看来就似乎是两个一样——因为这时我的知性立即按照空间的规律将它归之于原因并将它构造出来,便真以为这些手指还在它们通常所处的位置上,并且当然只能把与第一指和中指外部接触的两个球面归因于两个不同的球。同样,如果我的双眼不是对称地集中起来并把视角放在对象的一个点上,而是用每只眼睛从不同的斜角去看它,或者说,如果我是斜视的话,那么一个对象看起来也会成为**两个**。因为在这种情况下,从对象的**一个**点上射来的光线,不再碰撞在我的心灵经过长期经验逐渐熟悉了的两个

---

① 1853 年 7 月 22 日的法兰克福《论坛报》,对这位雕塑家做了如下说明:——"盲人雕塑家约瑟夫·克兰汉斯于本月 10 日死于提洛尔的纳德斯。他五岁时,因害天花而失明,作为消遣,他开始以雕刻和制作模特自娱。普鲁格(Prugg)对他做了一些指导,并为他提供了模特。在十二岁时,他雕刻出了一个栩栩如生的耶稣圣像。他在费根的尼斯尔工场的短暂停留期里,全靠他的出众才能和天资,他的进步如此之快,使得他很快以一位盲人雕塑家而名扬天下。他的作品是大量的和多种多样的。他雕塑了大约四百个耶稣圣像,这尤为突出地证明了他熟练的技巧,特别是如果考虑到他是一位盲人的话。此外他还雕塑了许多其他题材,并且就在两个月前,他还雕塑了弗朗兹·约瑟夫皇帝的半身像,这座雕像现已被送到维也纳"。

视网膜上对称的对应点上,而是碰撞在另外一些十分不同的点上,这些处于双眼中对称位置上的点只能按这种方式被不同的物体所影响;所以这样我就看到了**两个**对象,这恰恰是由于知觉是通过知性并且在知性之中而产生的。——同样的情形没有斜视也可发生,例如,当我盯住面前两个与我距离不等的对象中较远的一个,并且完全地把视角对准它时就是这样;因为从较近的那个对象射来的光线不是碰撞在两个视网膜中对称的对应部位,因而我的知性便把它看成是两个对象,就是说,我看到较近的对象是两个(见图二)。相反,如果我把视角完全地对准较近的那一个,并且目不转睛地看着它,那么,较远的那一个便表现为两个。通过将一支铅笔举到离眼睛两英尺的地方,并且交替地观看这支铅笔和它后面较远的另一对象,就能很容易地验证这一点。

但是所有这一切中最妙不过的,是这一实验可以完全彻底地颠倒过来:于是,尽管有两个真实对象直接并且很近地摆在我们面前,并且尽管我们的眼睛大大地睁开,然而我们看到的却只是**一个**。这是关于知觉是知性的产物而不包含在感觉中的一个最突出的证明。将两块纸板卷成圆筒,长约 8 英寸,直径约 1.5 英寸,并将二者互相平行地捆在一起,就像双筒望远镜那样,再将每个圆筒的底上各装上一先令的硬币。把我们的双眼置于另外一端并穿筒望去,我们所看到的将是一个一先令的硬币被一个圆筒所围。因为在这种情况下,两只眼睛被强迫置于完全平行的位置,从两块硬币射出的光线恰好碰撞在两个视网膜的中心,以及那些直接围绕着它们的点上,因而也就是碰撞在那些彼此对称地对应的部位上;所以,当一些对象接近我们时,知性真的以为这是视轴通常的聚焦点,便以为反射光线的原因只是一个对象。换句话说,我们只是看到一个对象:知性对因果理解的作用就是如此地直截了当。

在这里,我们没有足够的篇幅去逐一驳斥那些关于对单个物的视觉做生理学解释的尝试;但通过下述思考,它们的错误便显现出来了:

1. 如果对单个物的观看取决于某种机体上的联系,那么作为这一现象基础的两个视网膜上的对应点,就应当是机体意义上的对应,然而正如我们已经说过的,这些点的对应是纯粹几何学意义上的。因为从机体的意义上讲,两只眼睛的两个内部夹角和两个外部夹角,也都是对应角,眼睛的其他部位也是如此;然而为了看到单个的物体,则是右边视网膜的右边与左边视网膜的右边相对应,如此类推,正如刚才叙述的现象所无可辩驳地表明的一样。也正是由于这一过程的理智特性,所以只有那些最聪明的动物,如高级哺乳类动物和猛禽——特别是猫头鹰——才把自己的双眼安放在能够将两个视轴对准同一个点的位置上。

2. 由牛顿首先提出的关于视神经在进入大脑之前的汇合或部分交叉的假说,①是错误的。很简单,因为这样就不会看到由于斜视而造成的重影。此外,维萨雷斯(Vesalius)和凯萨庇努斯(Caesalpinus)已经从解剖学上提出例证,证明视神经在既没有融合甚至也没有接触发生的情况下,主体仍能看到单个物体。最后一个对这种混合印象假说的反驳是由事实提供的。当我们紧闭右眼并用左眼观看太阳时,光明的印象总是在一段时间内保持在左眼之

_____

① 牛顿:《光学》,问题 15。

中，而从未在右眼之中；反之亦然。

知性借以将感觉转变为知觉的**第三**个过程，在于根据业已获得的各种简单的面来构造物体，也就是说，加上第三个维度。这是由测量物体在空间这第三个维度中广延——这是先验地被知性所认识的——通过因果关系，按照眼睛被对象所影响的程度以及按照光线和阴影的强度来进行的。事实上，虽然对象充实在整个三维空间之中，但是却只能在我们的眼睛上形成一个二维的印象；因为我们眼睛这种器官的性质就是这样的，在观察时，我们的感觉只能是平面几何的，而不能是立体几何的。在我们知觉中凡是立体的性质，都是由知性附加上去的，它唯一关于方位的材料是来自眼睛得到的印象，是这个印象的各个边界，以及各种程度的明暗。这些材料直接地指示出它们的原因，并使我们能够区分出我们面前的东西是一个圆饼还是一个圆球。这个精神的过程，就像以前的过程一样，是如此直接和迅速地发生了，以至于我们所能意识到的除了它的结果，没有其他东西。正因如此使得透视法绘图成为一个如此困难的问题，以致我们只有用数学和强记才能解决；尽管透视法绘图所要做的不过是把视觉作为这第三个过程的一种材料而表象出来，就像它把自身呈现给我们的知性一样，也就是说，知性在注视着一幅图画并注视着现实的时候，立刻对就自身来说仅仅是平面的视觉，对这平面视觉的**两个**维度，连同其中上述的材料，加上了第三个维度。事实上，透视法绘图是一种字体，这种字体就像印刷字体一样易读，但却很少有人能写得出来；这恰恰是因为我们的理智在知觉的时候，仅仅是为构造出它们的原因而去把握结果，而一旦它发现了原因时却又立即忽略了结果。例如，一把椅子不论处在什么位置,我们都立即认出了它;然而,画出处在任何位置上的椅子则属于从知性的这第三个过程进行抽象的技艺,以便把仅仅要由观众自己来补充的材料呈现出来。从最严格的意义上说,正如我们所见到的,这是透视绘图的技艺;从较为广泛的意义上说,这是整个的绘画技艺。一幅图画为我们呈现出按透视规则画出的轮廓,呈现出同光明与阴暗的结果成比例的多种较明显和较暗的部位,而且还呈现出在性质和强度上由学到的经验来决定的各种彩色斑块。观众通过将类似的结果归之于他们所习惯了的原因去阅读和解释这幅图画。画家的技艺就在于将视觉材料有意识地保存在艺术家的记忆中,就像这些材料是在理智的这一第三过程**面前**一样;而我们这些不是艺术家的人,一旦我们为上述目的已经运用了这些材料,就不把它们保留在记忆中而是抛到了一边。当我们进入到理智的第四个过程时,就会对这第三过程有更进一步的了解,第四个过程与第三个过程的内在联系,有助于说明第三个过程。

这个知性的**第四个**过程在于获得关于对象与我们之间距离的知识:正是这一点构成我们一直在谈论着的第三个维度。正如我们说过的,视觉向我们提供了对象所处的方位,但却没有提供与我们之间的**距离**,这就是说,没有提供它们的**位置**。因此对于**知性**来说是要找出这个距离;或者换句话说,必须根据因果关系的确定来推论出这个距离。这时,最重要的就是关于对象所正对的**视角**的确定,然而它甚至也是十分不确定的并且从它本身不能断定任何东西。这就像一个具有双重意义的词汇:它的含义只有在与其他词汇相联系时才能被理解。一个正对着同一个视角的对象可以在实际上是小且近或者大而远的；只有当我们事先就确定了对象的大小，视角才能使我们认出它的远近。反过来说，当距离是已知的时候，我们就识别它的大小。直线透视是基于距离增加时视角变小这样一个事实，它的规则从这里是很容易推导出来的。当我们的视线相等地沿着所有方向延伸时，我们其实就像是从一个空心球体的内部去观察每一事物，而我们的眼睛则占据了这个球体的中心。于是第一，有无数个相交的圆从各个方向经过这一球体的中心，而对这些圆分割所测量出的角就是可能的视角。第二，球体本身则按照我们给出的半径的长度来修正自己的大小；因此我们也可以把它想象为一个由无限多的同心的、透明的球体所组成。当所有的半径都散开时，这些同心球体的大小便成比例地随它们同我们之间的距离相应地增大，并且它们的弧度也相应地增加：因而占据着它们对象的真实体积也就同样地增大。这样，当视角不变时，对象便依照它们在其中占据着相同份额——比如说 10°——的球体的体积而有的大一些，有的小一些，因此也就不能断定，占据这 10°的份额的既定对象，是一个直径 2 英里的球体呢，还是直径 10 英尺的球体。反之，如果一个对象的体积被确定了，那么它所占据的度数便依我们所涉及的球体的距离和体积而成比例地减少，并且它的所有轮廓都将以相同的比例而缩小。由此便导致出了一切透视法的基本规律；由于各个对象和对象之间的间隔必然随着它们与我们的距离而成比例地不断缩小，因而它们的所有轮廓都在缩小，结果将是，随着距离的增加我们之上的东西将会下降，我们之下的东西将会上升，一切处在边缘的东西都将更加接近地聚拢，这种递进的汇聚，这种直线的透视,无疑使我们能够去估算距离,只要我们面前有由可见的彼此联系着的对象所组成的一个不间断的接续。但我们单凭视角是做不到这一点的,因为在更加精确地表明这个视角中我们要归之于距离的贡献时,从某种意义上说,知性在这里需要另外一种作为视角的注解材料的帮助。现在我们便有了这样四种基本材料,这就是我所要详细说明的。由于有了这些材料,即使没有直线透视法的指引,如果一个人站在距离我们约 200 英尺远的地方,他正对着的视角要比如果他距离我们只有 2 英尺远时小 24 倍,然而我们在大多数情况下是能够正确地估算出他的大小。所有这些再一次证明了知觉不只是感觉的东西,而且也是理智的东西。——在这里,我想再补充下面这样特殊而有趣的事实,以便证明我刚才说的关于直线透视法的基础以及一切知觉的理智性质。当我用足够长的时间盯住一个具有鲜明轮廓的彩色对象,——比如说,一个红色的十字——使我眼中能够形成一个绿色十字的生理学图像,这时候,我越是把这个十字投射到远离我们的表面上,它便显得越大;并且反之亦然。由于图像本身占据着我的视网膜上的一个不变的份额,也就是最先受红十字影响的份额,所以当它被归结为,或者说被认为是一个外部对象的结果时,它便形成了一个不变的视角,比如说 2°的视角。于是在这种情况下,如果缺少对视角的任何注解,当图像移到一个远距离的表面上,我又必然把它与图像作为从属图像的结果而等同起来时,十字架就将占据一个远距离的 2°的视角,因而占据一个较大的球体,所以也就变大了。另一方面,如果我将图像投射到一个较近的对象上,它就将占据一个较小的球体,因而也就变小了。在这两种情况下,这种作为结果的知觉是完全客观的，与对于外部对象的知觉十分相像；并且由于它来自一个完全主观的理由（来自一个按照完全不同的方式而引起的图像），所以这种知觉进一步证实了一切客观的知觉的理智特性。这个现象（我清楚地记得在 1815 年就已经第一次提到过）构成了塞根（Séguin）先生一篇文章的标题，发表在 1858 年 8 月 2 日的《报告》上，在其中，它被当成是一个新的发现，并被给予各种歪曲和荒谬的解释。尊贵的同行先生们是不放过任何一个重复实验的机会的，越复杂越好。实验！这就是他们的口号；然而我又是多么难得碰到以被观察到的现象为基础的合理的、真正的见解！实验！实验！随后便是废话。

回过来考察一下作为既定视角注解的辅助材料，我们在其中首先可以发现眼睛的内部变化，眼睛借助于这种变化，通过折射的增加和减少来使自己的折射器官适应于各种不同的距离。这些对折射的修正是由什么构成的，迄今尚未彻底查明。人们有时从**角膜**的增大了的凸状物中寻找这些修正，有时从晶状体的增大了的凸状物中寻找它们；但是，在我看来最近有一种理论似乎是最为可能的，按照这种理论，做远距离观看时，晶状体向后移动，而做近距离观看时则向前移动。在后一种情况下，侧向的压力导致了它的凸起增大；这样，这一过程便恰恰与观剧望远镜的机械过程相类似。然而刻卜勒已经大体上表述了这一理论，这在许克（Hueck）的小册子《晶状体的运动》（1841 年）中已被阐明。如果我们并没有清楚地意识到眼睛的这些内在的修正，我们至少也无疑是感觉到了它们，并且我们直接利用这种感觉去估算距离。然而为看得清楚起见，由于这些修正超出大约 7 英寸到 16 英尺的范围以外就无效了,所以知性就只能在这些界限之内运用这一材料。

　　但是,超出这些界限,第二种材料就发挥作用了:这就是说,在我们讲单个视觉时已经予以说明的由两个视轴所构成的视角,就发挥作用了。显然对象被移得越远这个视角变得越小,反之则越大。两只眼睛彼此互相联系着的这种方位差,如果没有造成某种细微的感觉是不会产生的,然而我们只是在知性直观地估算距离时要把它作为一种材料加以利用时,才意识到这种细微的感觉的。通过每只眼睛都从一个细小的不同方位去观看对象时所构成的视差,我们利用视角就不仅能够辨认出与被观察对象的距离,而且也能认出它的精确位置;以至于我们如果闭上一只眼睛,对象便似乎是移动了。所以闭上一只眼睛去剪烛花的确不容易,因为这样的话这种视角就没有了。但是由于两只眼睛的方向在对象达到或超过 200 英尺时便成为平行的,并且由于视角因此便不复存在,所以这一材料只是在 200 英尺的距离内才有效。

　　超出这个距离,知性便求助于**大气透视法**,这种方法通过所有颜色的模糊程度的增长,通过天然蓝色在所有暗色对象面前的出现(按照歌德完全正确和真实的关于颜色的理论),以及各种轮廓的越来越难以辨认,去指示出更远的距离。在意大利,那里的大气非常清澈,这一材料便失去了它的效力并往往使人受骗:例如,从弗拉斯卡蒂看去,提沃里就似乎是近在眼前。另一方面,所有的对象在雾中都显得大一些,这是这一材料的一种反常的夸张;因为我们的知性假定了他们离我们更远一些。

　　最后,还可以借助我们直观地得知的中介对象的大小,如大地、树林、河流等去估算距离,这种估算方法只有当存在着一个不间断的连续时才是适用的:或者说,这只能被应用于地球上的对象,而不能应用于天体对象。而且一般说来,我们对于它在水平方向上的运用,有着比在垂直方向的运用更多的实践:一个在200英尺高的塔上的球,显得要比它在地上离我们200英尺远时要小得多;因为在后一种情况下,我们对距离的估算要精确些。当我们用这种方式去观察人时,位于他们与我们自己之间的物体大部分逃过了我们的视线,所以人总是显得出奇的小。

我们的知性假定它从垂直方向所知觉到的每一件东西比从水平方向所看到的更远一些,因而也就大一些的事实,必须部分地被归因于这最后一种估算距离的方式,因为它只是水平地运用并运用于地球上的对象才是有效的;但同时也部分地归因于我们估算距离时使用的为相同条件支配的大气透视法。这就是为什么月亮在地平线时要比在正空中要大得多,虽然它经过精确测量的视角,也就是它所投射在眼睛上的图像——在一种情况下完全不比在另一种情况下大;并且这也说明了天空的拱顶何以呈现为扁平:这就是说,说明了为什么天空平面上显得比在垂面上拥有更大的面积。因此,这两种现象都是理智的或者大脑的现象,而不是视觉的现象。如果有人提出反对说,甚至月亮在正空中的时候,有时呈现出朦胧的状态却并不完全显得大一些,那么我们的回答是,在这种情况下,它也并不呈现为红色的;它的朦胧状态是由于较大的空气浓度所引起,因此不同于来自大气透视而产生的模糊。对此可以补充一点,我曾经说过:我们只能将这种估算距离的方式运用于水平的方向,而不能运用于垂直的方向;此外,在这种情况下,还有其他的干扰发生了作用。关于这一点,索绪尔(Saussure)叙述道,他有一次站在勃朗峰①上,看到一个如此巨大的月亮腾空而起,由于认不出这是什么,竟恐惧得有些发晕。

另一方面,望远镜和放大镜的特性,是取决于单独根据视角而进行的一种分开的估算:这就是说,用距离去估算大小,用大小去估算距离;因为在这里估算距离的其他四种辅助手段都被排除了。其实望远镜是放大了对象,然而它似乎只是使这些对象更近了;因为它们的大小是已经被我们经验地得知了,我们在这里用它们与我们之间距离的减少来说明其明显的增大。例如,从望远镜中去观看一所房子,它比用肉眼观看似乎是近了十倍,而不是大了十倍。相反,放大镜其实并没有将对象放大,而只是使对象比其他可能的情况下离我们更近;这样对象就只能显得同它假如在没有放大镜的那个距离上是一样大的。事实上,由于晶状体和角膜的凸出不足,当对象离我们眼睛还不够 8 至 10 英寸的距离时,我们便不能进行清晰的观看;但是如果通过将晶状体和角膜的凸状物用一个放大镜来代替使折射度增加,那么即使对象离我们的眼睛只有半寸,我们也能得到一个它的清晰图像。这样看上去是紧靠着我们并且具有与这种紧靠相对应的体积的客体,就通过我们的知性而转变为我们自然地就能看清的那个距离,即距离我们眼睛大约 8 或者 10 英寸的距离,然后我们又根据这一距离和既定的视角去估算对象的大小。

这样,我们已经完整地详述了所有使观看得以完成的各种不

---

① 系阿尔卑斯山脉之巅。——中译者注

同的过程，以便清楚而无可辩驳地表明在这些过程中决定性的因素是**知性**。知性通过将每一个变化都设想为结果，并把这结果归之于它的**原因**，在空间和时间这些先验的基本直觉的基础上，制造出客观世界的各种理智方面的现象，而从感觉那里只是吸取了少量的材料。而且，知性造成这一点，又仅仅是凭借着它本身特有的形式，即因果规律形式；因而是非常直接地和直观地造成这一点的，而无须任何来自反思的帮助，——也就是说，无须借助任何运用概念和语言的抽象知识，概念和语言是**第二性**的知识的素材，也就是**思维**，因而是**理性**的素材。

这种凭借知性而不依赖于理性帮助而获得的知识，甚至也为事实所表明。这就是在任何时候，当知性把一个既定的结果归之于一个错误原因，实际上是已经觉察到的一个导致幻觉产生的错误原因时，我们的理性不论怎样清楚地通过抽象而认出了事物的真相，却不能去帮助知性，并且知性也不理睬那更好一些的知识，继续泰然自若地坚持这种幻觉。上面提到的由触觉和视觉器官的异常状态而导致的视觉和感觉的双重化现象，就是这种幻觉的实例。同样的实例还有，初升的月亮外形的增大；在一个凹面镜的焦点上形成的图像，恰如飘浮在空间中的一个固体像；被我们信以为真的彩色浮雕；当我们站在一个岸边或者桥上，如果有一只船经过或从下面穿过，这岸边或者桥从表面上看的移动；作为纯净空气环绕在山顶的结果，由于没有大气透视法而显得离我们很近的高山。在这些情况和许多类似的情况下，我们的知性由于它所熟悉并且立刻便想象出来的东西而把通常的原因当成真的，尽管我们的理性通过一条与此不同的途径而到达了真理；因为知性的认识先于理性的认识，而理性的说教难以进入理智；所以**幻觉**——也就是知性的欺骗——便依然故我，尽管**谬误**——即理性的欺骗——已被排除。——由知性而正确地得知的东西就是**实在**；由理性而正确地得知的东西便是**真理**，或者说，是一个具有充足理由的判断；我们使**幻觉**（这是错误地知觉到的东西）与**实在**相对立，谬误（这是由错误的思维所致）与真理相对立。

经验和知觉的纯形式部分——即空间、时间和因果规律——是先验地包含在理智之中的；但是，这种形式部分地被运用于经验材料时，情况就不同了，知性必须通过实践和经验来获得这些经验材料。因此一个初生的婴儿，虽然无疑是接受了光线和颜色的印象，却不能理解对象，或者严格地说，实际上是不能观看对象。他出生后的最初几个星期，确切地说经历了一种恍惚的状态，从那以后，当他的知性将自己的功能运用于由感觉所提供的材料时，特别是触觉和视觉所提供的材料时，他才逐渐地有所省悟，从而逐渐地获得了关于客观世界的意识。这种新发生的意识可以通过观察体现在他眼睛中的智慧增长和在他行动中意图的程度而清楚地认识到，特别是通过第一次由于认出他们所关心的事物而显露出的微笑。甚至可以看出他们有时是在用观察和触摸做实验，以便通过不同的光线，不同的方向和不同的距离去完成对于对象的理解：这样便进行着一种无声的，然而却是至关重要的学习过程，直到他们成功地精通了所有前面说过的理智的工作为止。这种教育的事实，可以由那些天生失明，后来做了手术，从此便能够对所获得的印象做出解释的人那里进一步得到确证。柴斯尔顿（Cheselden）

的盲人①不是一个孤立的事例，在一切相同的情况下，事实都证明，只要手术成功，那些在后来的生活中才获得视觉的人，无疑看到了光线、轮廓、颜色，但是在他们的知性学会把它的因果规律运用于这些新的材料和变化以前，他们是不具有一个关于对象的客观知觉的。当第一次看到他的房间和其中的各种对象时，柴斯尔顿盲人并没有把一个事物同另一个事物区分开来；他简单地接收了一个完整的整体的总印象，他把这当成了一个平滑而色彩斑斓的表面。他根本没有想到去辨别许多在不同距离上一个位于另一个之后的分离着的对象。对这类盲人来说，他们只能从已经认识了的对象的触觉而引导到视觉。开始的时候，病人对任何距离都不能鉴别并试图抓住每一件东西。有一位病人在当他第一次从外面看到自己的房子时，他不能想象出这么小的一个东西竟能容纳这样多的房间。另一位病人在手术的几个星期后非常高兴地发现，他房间墙上挂着的版画，代表着各种各样的对象。1817 年 10 月 29 日的《晨报》上记载了一位青年，他是天生的盲人并在 17 岁时获得视力。他不得不去学习理智的知觉，因为在第一次观看时他甚至不能辨认出以前已经由触觉而认识了的对象。每一个对象都必须经触觉而被引到视觉。至于他所见到的对象的距离，他不能对此做出任何鉴别，并且试图不加区别地抓住每一件东西，不管是远还是近。——佛朗兹（Franz）本人对此做了如下的表述②：

---

①　见《哲学学报》，第 35 卷，关于这件事的原始报告。

②　佛朗兹：《眼睛，论对这个器官的保护及视力的改善》，伦敦，丘吉尔出版社，1839 年，第 34—36 页。

　　"一个关于距离、形状和体积的确定的观念，是借助于视觉和触觉，并且借助于对在这两种感觉上造成的印象的反省而获得的，但是为了这一目的，我们就必须考虑到个体的肌肉运动和有意的活动。——卡斯帕·豪赛尔（Caspar Hauser）在详述自己在这一方面的亲身经验时写道，他第一次从监禁中被释放出来时，每当他通过窗户观看外面的对象，如街道、花园等，看上去似乎在离他眼睛很近的地方有一块挡板，上面胡乱地涂着各种颜色，他不能从中辨认出或者区分任何单个的东西。他进一步说道，直到过了一段时间后，他到室外散步时才使自己确信，原来他第一次见到的那块似乎是涂着各种颜色的挡板，以及许多其他的对象，实际上是一些很不相同的东西；那块挡板终于消失了，他才按恰当的比例看到并辨认出了各种事物。那些在后来的生活中通过手术而获得视觉的天生盲人，有时会以为所有的对象都触到了他们的眼睛，并且与他们离得这样近以至于恐怕绊在上面；有时会向月亮跳去，以为能够拿住它；在另一些时候会跟在天空中的游云后面跑，以便抓住它，或者做出其他诸如此类的夸张举动。既然观念是通过感觉的反省才能获得，那么为了使一个对象的精确观念得以由视觉形成，心灵的各种能力在使用的时候就更必须是不受损害和不受干扰的。哈斯拉姆（Haslam）所叙述的一个男孩为这一点提供了一个例证[①]。这个男孩视力并不差，但智力却很不发达，并且在他 7 岁时还不能估算出对象的距离，尤其是高度；他屡次把手伸向天花板上的钉子，或者伸向月亮，要去抓住它。因此，正是判断修正并澄清了这

---

　　① 哈斯拉姆：《对狂热症和忧郁症的观察》，第 2 版，第 192 页。

种关于可见对象的这种观念或知觉。"

关于我所表明的知觉的理智特性，弗罗伦斯(Flourens)从生理学的角度做了如下说明[①]：

应当看到，感觉功能与智力是有很大差别的。结核结节的切除会使人的触觉和视觉的功能丧失；视网膜会由此失去感觉的能力，瞳孔会变得一动不动。而脑叶的切除则并不妨害人们仍然具有感觉功能，并且瞳孔仍然可以转动；这只是使人丧失了知觉的能力。上述事实，一方面是属于感觉的一个现象，而另一方面则又是一种思维的现象；在一个场合它是感觉功能的丧失，而在另一个场合则是知觉功能的丧失。将感觉和知觉区分开来，直到今天仍可以说是一项重大的成果，而这一点通过眼睛而得到证明。使大脑丧失视力的方法有两种，第一种是切除结核结节，这使人丧失了感觉功能和感觉；第二种是切除脑叶，这使人丧失了知觉功能和智力。因此，分辨力并不是智力，思维也不能和感觉相提并论；这就和以前那种哲学正好相反。意识不是感觉再次证明了这种哲学存在着一个致命的弱点。在第 77 页"感觉能力和知觉能力之区别"的标题下又说："但是我的一个实验却把感觉和知觉明显地区分开了。当切除一个动物的大脑后，这个动物的视力便随之丧失。但是就眼睛本身来说，却并无任何改变发生：客体仍旧能够在视网膜上辨认出来。瞳孔仍旧很清晰，视神经仍旧有感觉，甚至可以说是准确无误的感觉；然而，这个动物却什么也看不见了。它不再具有视力，尽管它的眼睛仍有感觉存在；而它所以会丧失视力就在于它

[①]　弗罗伦斯：《生活和智力》，第 2 版，巴黎，加尼尔兄弟出版社，1858 年，第 49 页。

不具有知觉的能力了。觉察了某件东西,但不等于就感觉到了它,这就是理智首要的要素。知觉是智力的一部分,因为它随着智力的丧失而丧失,即随着大脑半球或脑叶等智力器官的切除而丧失。而感觉丝毫不属于智力的范畴,因为它在智力和脑叶以及大脑半球体丧失后仍然可以继续存在。"

下面有一段古代哲学家伊庇查谟斯(Epicharmus)著名的诗体文,证明了古人大体上认识到了知觉的理智特性:"是心灵在看和听,而其他一切又聋又瞎。"普鲁塔克引证了这段话,并补充道:"除非有理智相伴随,否则我们的眼睛和耳朵的影响是不能生出任何知觉的。"在这之前不远处,他写道:"物理学家斯特拉顿〔Straton〕的学说证明,没有理智就根本不可能有知觉。"在这之后不远的地方他又写道:"如果我们只是借助理智才能知觉的话,那么知觉的本质必定是具有理智的。"伊庇查谟斯的第二段诗体文或许与此有联系,这曾被第欧根尼·拉尔修所引用(iii,16):"聪明这个词不仅仅适合于我们,因为一切生物都具有理智。"同样,菠菲利也致力于详细说明一切动物都是有理智的。①

于是,从知觉的理智特性必然可以推出,一切动物,甚至直到最低等的动物,都必定具有知性,——就是说,具有因果规律的知识,尽管是在精细和明确的不同程度上具有这种知识的。它们具有的知性至少必须满足它们的感觉所引起的知觉的需要:因为离开了知性,感觉就不仅是无用的,而且也是大自然的一种痛苦的恩赐。稍有理智的人都不会怀疑知性在高等动物中的存在。然而,

---

① 　波菲利:《论节制》,iii,21。

有时成为一种无可辩驳的明显事实的是，它们关于因果关系的知识实际上是先验的，并且不是产生于观看一个事件跟随着另一个事件的习惯，例如，一只出生不久的小狗不会从桌子上跳开，因为它预见到了将会发生的后果。不久前我有一些大窗帘挂在我卧室的窗户上，这些窗帘拖到了地上，并且被一根绳子从中间拉向两边。在这些窗帘被打开的头一天早上，我惊异地看到我的狗，一只非常聪明的卷毛狗，十分困惑地站着，上下左右地打量着，要去找出这一现象的原因：就是说，它在探求它先验地得知必然要发生的变化。第二天又是如此。但是甚至最低等的动物也具有知觉，——因而具有知性——直到章鱼都是如此，章鱼没有明显的感觉器官，而它在水下植物上，从一片叶子爬到另一片叶子，同时用触角紧紧缠住它，以寻求更多的光线。

的确，除了程度的不同，在这种最低等的知性与人的知性之间是没有什么区别的，然而我们根据人的理性做出了明显的区分。各种各样的动物系列占据了中间的等级，其中最高的等级，如猴子、大象、狗，经常以它们的聪明而使我们惊奇。但是在每一场合，知性的任务都不外是直接地去把握因果联系：首先，如我们已经看到的，是把握我们自己身体和另一些物体之间的因果联系，理解客观的知觉来自何处；然后，去把握在这些被客观地知觉到的物体本身之中的因果联系，并且在这里，正如本书第 20 节已经表明的，因果联系通过三种形式把自己展示出来——作为原因、刺激和动机。世界上的一切运动都是依照这三种因果关系形式而产生，并唯有通过它们的运动才能为理智所理解。这样，如果在这**三种**形式中，最严格意义上的**原因**成为知性的研究对象，那么就产生了天文学、机械力学、物理学、化学，以及为行善和作恶而发明各种机器；但是在一切场合，对因果联系的直接和直觉的把握，最终将是所有这些发现的根本原因。因为知性的唯一形式和功能就是这种把握，并且绝不是康德十二范畴的复杂设计，这种设计的无用性我已经证明过了。（一切理解都是对因果联系的直接的，因而是直觉的把握；虽然它必须立即被归结为一个抽象的概念以便被确定下来。因此，计算并不是知性的活动，并且就其本身来说运算不表达对事物的任何理解。计算只是处理关于量的抽象概念，确定量之间的相互联系。通过计算，我们从未获得对于物理过程的丝毫理解，因为这一过程需要对空间关系直觉的理解，原因通过这种关系而导致了结果。计算仅仅具有实践的价值，而不是具有理论的价值。甚至可以说**计算从哪里开始，理解便在哪里结束**；因为只要一进行计算，占据在大脑中的数字，便完全同存在于物理过程中的因果联系分离了，大脑便沉湎于纯粹抽象的数字概念之中。然而其结果只是告诉了我们**有多少**，却从未告诉我们**是什么**。"实验和计算"这些法国物理学家的格言，因此（对于彻底的真知灼见来说）是不够的。）——另外，如果**刺激**是知性的指南，那么就会产生植物和动物的生理学、治疗学以及毒理学。最后，如果知性使自己献身于**动机**的研究，那么一方面，它就将运用这些动机从理论上去指导它产生关于道德、法律、历史、政治，甚至戏剧和史诗的著作；另一方面，在实践上，当知性一旦成功地发现应该拽动哪一根特定的线以便照自己的意愿去摆弄每一个木偶时，就会用这些动机单纯地训练动物，或者从较高级的目的出发使人按照它的音乐跳舞。理智是否精确地利用了引力，并通过适时的干预而让它服从于理智的目的，或者是否为自己的目的而利用了人们共同的或个别的偏好，就产生这种结果的功能来说，完全是非物质性的。知性在被运用于实践时，我们把它称为**机巧**；而当它被用来去哄骗别人上当时，或者也可以称之为**狡猾**；当它的目标十分卑鄙时，它就被称为狡诈；而如果掺有伤害他人的企图时，则叫作**阴险**；而当它被运用于纯粹的理论时，我们直截了当地称它为**知性**，较为高级的叫作**敏锐**、**聪明**、**机智**，而较低级的则称之为**迟钝**、**愚蠢**、**糊涂**等等。这些在程度上有着巨大差别的机智是天生的，并且不能通过学习而获得；尽管正如我已经表明的，即使在运用知性的最初阶段，即在经验知觉的阶段，需要有知性得以运用的物质的实践和知识。每一个傻子都有理性——把前提给他，他就会做出结论；然而**原始**的，因而是直觉的知识，都是由知性提供的：差别就在这里。所以，每一个伟大的发现，每一个具有普遍划时代重要意义的设想，其精髓之处都是一个愉快的瞬间的产物，在这里，通过外部与内部状态的一种令人欣喜的巧合，一些复杂的因果序列，一些人们熟睹了千百年的现象背后的原因，或者一些幽深而曲折的小路，突然在理智面前豁然开朗。

在前面关于视觉和触觉的过程的说明中，我已经无可辩驳地表明，经验知觉本质上是**知性**的工作，而感官只是以感觉为知性提供素材，——并且总的来说是一种贫乏的素材；所以，知性实际上是艺术家，而感官则不过是向他递交素材的下级工作人员。但是这一过程又完全在于从既定的结果去追溯它们的原因，这些原因通过这种过程将自己作为对象在空间中呈现出来。我们这一过程预先假定了因果关系这一事实，又恰恰证明了因果规律必定是由知性本身所提供的,因为这一规律是绝不会从外部进入理智的。的确,这是经验知觉的首要条件;然而又是一切外部经验把自己呈现给我们的形式;那么,这个因果规律是怎么能够从经验得到,它本身又是什么时候在本质上被经验所预先假定的呢?——恰恰是因为这是绝对不可能的,并且因为洛克的哲学取消了所有的先验性质,休谟才否定了因果观念的全部真实性。此外,在他的《人类理智研究》的第 7 节中,他曾经指出了两个错误的假说,这两个假说近来又被人提到:一个是关于意志的结果以我们身体的器官为基础的假说;另一个假说是外部对象对我们的强力的抵抗,是因果关系观念的起因和原型。休谟按照自己的方式和自己的观念体系,反驳了这两个假说,而我的反驳则如下:意志的行动和身体的活动之间,不存在任何因果联系。相反,这两者完全是同一回事情,只不过是从两个方面而觉察到了,——这就是说,一方面,作为意志的活动而被我们的自我意识,或者说我们内部的感觉所觉察;另一方面,作为身体的行动,同时又被外部的、特殊的大脑知觉所觉察。① 第二个假说之所以错误,首先是因为正如我已经详细说明的,单纯的触觉并不会提供任何客观的知觉,更谈不上因果关系的概念,这个概念是绝不会产生于肌肉努力受阻的感觉的,而且这种阻力经常没有任何外部原因就产生了;第二,因为我对外部对象的反抗必然有一个动机,而这已经预先假定了对于对象的把握,这

---

① 参见《作为意志和表象的世界》,德文版第 2 卷,第 41 页。(《作为意志和表象的世界》的第 3 版此处有一个增补,这是在第 1 版,第 2 卷,第 38 页上所没有的。——第 3 版编者注)

就再次预先假定了因果关系的认识。——然而正如我已经做过的，要想从根本上说明因果关系概念不依赖于任何经验，只有证明经验的全部可能性都是以因果关系概念为条件的。我打算在第23节表明康德按照类似的含义而提出的证明是错误的。

这也是注意这样一个事实的合适立场，这个事实就是康德或者没有在经验知觉中明确地看到因果规律的中间环节，——我们在一切经验之前就知道这个规律了——或者他有意回避指出这一点，因为这不适合他的目的。例如在《纯粹理性批判》中，因果关系与知觉之间的联系并不是在"要素说"中，而是在"纯粹理性的谬误"一章中才被论述，人们很难想到会在这里找到它的；而且，它还出现在他的"超验心理学第四个谬误的批判"中，并且只是在第一版中出现①。我们要从合适的立场予以注意的这一事实，表明了在涉及这种联系时，康德总是单纯地考虑从现象到自在之物的转变，却没有看到知觉本身的起源。因而他说，真实的外部对象的存在，不是在知觉之中直接地被提供的，但可以通过思维加给它并因而是可以推演出来的。然而在康德看来，谁这样做谁就是一个超验的实在论者，因而误入了歧途。因为在这里，康德用他的"外部对象"来表示自在之物。相反，超验的唯心主义者停留于对某种在经验上是真实的事物的错觉，——也就是说，某种存在于我们之外空间的事物的知觉，——而不需要因果推论来赋予它实在性。因为按照康德的说法，**知觉**的完成是完全直接的，无须借助于因果联系，因而也就无须借助于知性：他简单地将知觉与感觉等同了。我

---

① 康德：《纯粹理性批判》，德文第1版，第367页以下。

们发现,他有一段开始是这样说的话证实了这一点①:"对于外部对象的实在性,我不怎么需要依靠推论",等等,并且在另一段话的开头说道:"这样我们可以完全承认",等等②。从这些话可以看出,显然在康德那里,关于外部事物在空间中的知觉,是先于因果规律的任何应用的,因此因果规律并不是作为要素和条件而属于知觉:在他看来,单纯的感觉与知觉是一回事情。只是直到当我们问到,在**超验的**意义上,有什么可能存在于**我们之外**时,也就是说当我们寻找自在之物时,因果关系才由于同知觉相关而被提到。而且,康德承认仅仅在"反思"中,也就是说,在借助于概念的抽象的清晰的认识中因果关系的存在,甚至是因果关系纯粹可能性的存在,因此他毫不怀疑,因果关系的运用**是先于一切反思的**,然而显而易见的事实是,特别在经验的,感官的知觉中是显而易见的事实是,正如我以前的分析所无可辩驳地证明的,这种知觉是不会以其他方式产生的。因此,康德只得避而不去说明经验知觉的起源。在他那里,知觉可以说是以一种不可思议的方式而仅仅是感官方面的事:也就是说,知觉恰好与感觉重合。我非常希望有思想的读者查一查我所指出的康德著作中的一些段落,以便使自己从整个的过程和联系上,相信我的观点所具有的更大的精确性。康德这一极端错误的观点在迄今的哲学文献中依然根基牢固,很简单,这是因为没有人敢于向他发起进攻;因此为了阐明我们认识的机制,我在这里就必须走这条道路。

---

① 康德:《纯粹理性批判》,德文第1版,第377页。

② 同上书,第372页。

康德的唯心主义基本立场并没有失去任何东西，而且它甚至还由于受到我的立场的矫正而有所获。在我看来，因果规律的必然性在作为其产物的经验知觉中被消融和消失了，因而在关于自在之物的完全超验的问题上是不能实行的。就我上述有关经验知觉的理论来说，我们发现，知觉的最初材料，感觉，是完全主观的，是器官内部的一个过程，因为它发生在表皮的下面。洛克完全彻底地证明了，我们感官的感觉，即使承认它是由外部的原因而激起的，也不与这些原因具有任何相同的属性。例如，食糖，不具有任何与甜味相同的属性，玫瑰花也不具有红的性质，但是它们毕竟还需要有外部原因，而且以存在于我们之中，在我们大脑中的可证明的规律为基础；因此这种必然性就同感觉本身一样也是主观的。而且，甚至**时间**——这是每一可能的**变化**的基本条件，因而也是首先使因果规律的应用得到准许的变化的条件，——同样还有**空间**——唯独它使得原因的外在化成为可能，原因根据空间把自己作为对象而呈现给我们——我们说，甚至时间和空间，正如康德所最终证明的，也是我们理智的主观形式。因此我们发现，经验知觉的一切要素都存在于我们内部，并且其中所包含的任何东西，都不能向我们提供任何关于一个与我们完全不同的自在之物的可靠指示。——但也不是全都如此。我们在**物质**概念下所想到的，是物体在被抽去了它们的形状和一切特性后所剩的残余：一个恰恰是由于这个原因而必定在一切物体中都是相同的残余。于是这些被我们抽象出来的形态和属性，不过就是这些物体在其中**发生作用**的特殊的、专门规定了的**方式**。因此如果我们不去考虑这些形状和属性，剩下来的就只是**单纯的一般意义上的作用性**，被客观地想

象出来的纯粹作用本身、因果关系本身——也就是我们自身知性
固有的反思,知性固有功能的外在化的图像;而物质也就是完全纯
粹的因果关系,物质的本身也就是一般意义上的作用。① 这就是
为什么纯粹的物质不能被知觉,而只能被思想的原因:在思想它的
时候,物质是被我们作为基础而附加到每一个实在上面的东西。
由于纯粹的因果关系,单纯的作用,不具有任何规定了方式的作
用,不能成为可知觉的东西,因此也就不能进入任何经验内
部,——这样,物质就仅仅是与纯粹知性互相关联的客观的东西;
因为它只是一般的因果关系,而不是别的:正如知性本身是关于原
因和结果的直接认识,而不是别的一样。于是,这恰恰又成为因果
规律为什么不能运用于物质本身的原因:这就是说,物质既没有开
端也没有终结,是不生不灭的。一方面,由于因果关系是物质偶性
(形式和性质)变换的必要条件,即一切存在的产生和消逝的必要
的条件;然而另一方面又由于物质客观地被看作是纯粹的因果关
系本身:因此因果规律不能把自己的力量施于自己身上,就像眼睛
可以看到一切,但却看不到眼睛本身一样。而且,由于"实体"和物
质是同一的,我们把**实体**称为从抽象的角度来看的作用;而把偶性
称为作用的特殊方式,从具体的角度来看的作用。这就是真正的
即超验的唯心主义所导致的结果。在我的主要著作中,我曾表明
自在之物——即一般说来任何独立于我们表象而存在的东西——
是不能通过表象而把握的,然而要达到它,就必须去遵循一条完全

---

① 见《作为意志和表象的世界》,德文第2版,第1卷,第4部分,第9页;第2卷,
第48—49页。(第3版,第1卷,第10页;第2卷,第52页。)

不同的途径,这条途径通向事物的内部,使我们可以说是通过反叛而进入了城堡。——

但是,我刚才提出的这样一种诚实、深刻而彻底的关于经验知觉的分析,这种证明了知觉的一切要素都是主观要素的分析,如果被试图与费希特的"自我"与"非我"的代数公式加以比较,被试图与他的诡辩论的伪证明相比较,这种证明为了欺骗读者不得不隐藏在他采用的那种晦涩的,不用说是荒谬的语言之中,被试图与他那种从"自我"本身编织出"非我"的解释方法相比较;一句话,如果试图把我的分析与他的空洞的知识打诨[①]相比较,更不用说把这二者等同起来,就只会是一种彻头彻尾的诡辩。而且,我完全反对说我与这个费希特有任何共同性,就像康德曾在《耶拿文学报》的一个特别声明[②]所公开和强调的。黑格尔学派以及一些同样的蠢材可能继续心满意足地滔滔讲授康德—费希特哲学;这里有一个康德的哲学和一个费希特的戏法,——这就是事情的真相,并且尽管有些人乐于褒扬丑恶而贬损美好,尽管这样的德国人的数量比任何其他国家都多,但事实仍将是事实。

§22 关于直接的对象

这样,正是我们身体的感觉为因果规律的第一次运用给出了

---

① "Wissenschaftsleere"(空洞的知识),这是叔本华就费希特的"Wissenschaftsle-hre"(知识学)而用的双关语。——英译者

② 康德:《关于费希特知识学的声明》,见《耶拿文学报》,1799 年,109 号,"知识版"。

材料,并且正是通过这种运用才产生了对象这一层次的知觉。因此,仅仅是借助于发挥了这种作用的理智功能,并且借助于这种功能的活动,对象才具有了自己的本质和存在。

这样,就身体器官是我们关于一切其他对象的知觉的起点,也就是中间环节来说,在本书的第一版中,我把它称为**直接的对象**;然而,这必须不是按严格的字面上意义而被使用的。因为虽然我们身体的感觉都是直接地被把握的,但这种直接的把握并没有使我们的身体本身成为一个我们可知觉的对象;相反,到此为止,一切依然是主观的,也就是说,依然是感觉。的确,从这种感觉产生了对作为这种感觉的原因的所有其他对象的知觉,并且这些原因也作为对象把自身呈现给我们;但是对于身体本身来说则不是这样,身体本身仅仅为意识提供了感觉。甚至我们对这个身体的客观的认识,也就是说,这个身体作为一个对象,像其他一切对象一样,通过把自身作为我们知性或者大脑(这是同一个东西)中的主观的已知结果的被认识了的原因而呈现出来,——正因为如此,对这个原因的认识才是**客观**的,——我们对身体的这种客观的认识,也仅仅是**间接**的。这样,只有当身体的部位对自身的感官发生作用时,这种认识才会产生:例如,当身体被眼睛看到,或被手摸到等之时,大脑(或者说知性)便立刻根据这些材料构造出它在空间的形状和属性。我们意识中属于这一层次的表象的直接呈现,因此取决于这些表象在因果链条(一切事物都由此而**连接**起来)相对于主体(一切事物都通过主体而被**认识**)的身体(暂时)的指定位置。

§23　对康德有关因果性观念的
先验性证明的反驳

《纯粹理性批判》的一个主要目的,是要表明对于一切经验来说的因果规律的普遍有效性,它的先验性质,以及作为必然结果的对于可能经验的限制。然而,我却不能赞同在那里提出的关于此规律的先验性的证明,这种证明大体上是这样的:——"为一切经验知识所必须的通过想象而形成的多样性的**综合**,提供了一个连续,然而却是不确定的连续:这就是说,它不仅在我们的想象中,而且也在对象本身中都没有从两个被知觉状态中确定出哪一个是第一个状态。但在这个连续中的确定的次序,——只是由于这种次序我们所知觉的东西才变为经验,或者换言之,我们有权做出各种客观有效的判断,——首先是由关于原因和结果的纯理智的概念所提供给它的。这样,因果关系的原则便成为使经验成为可能的条件,并从而是先验地给予我们的。"①

按照这种观点,真实对象中各种变化彼此相继的次序,只是由于这些变化的因果联系才被我们客观地认识。这一主张康德在《纯粹理性批判》中特别是在他的"经验的第二个类推"②中,以及在他的"第三个类推"的结论中,曾反复多次地加以说明,我要求每

---

　　①　康德:《纯粹理性批判》,德文第1版,第201页;第5版,第246页,但是,据英译者注,这段话不是逐字逐句的引文。

　　②　同上书,第1版,第189页;第5版,第232页更为充分。

一个希望理解我现在所要说的东西的人,去**读一读**这些段落。在这些段落中,他处处断言说,表象的连续性的客观性,——他把这种表象的连续性规定为是与真实对象的连续性相一致的——只有通过使它们彼此相随的规则才能被认识;就是说,只有通过因果规律才能被认识:因而我对彼此相随的现象之间客观联系的单纯的把握就成为十分不确定的:因为我只是把握了我自己表象中的连续,但是我所把握的连续却并没有使我有权对对象中的连续做出任何判断,除非这个判断是以因果关系为基础的;而且,既然我可以将我所把握的知觉的彼此相继的次序加以颠倒,那么也就不存在任何客观地去确定这些知觉的东西。为了说明这一主张,康德举了一个关于房子的例子,我们可以按照任何我们喜欢的次序去考察这所房子的各个部分,从上到下,或者从下到上;在这种情况下,连续的确定就纯粹是主观的并且不是建立在一个对象之上,因为这全凭我们的兴趣。与这个例子相反,他举了一个对一只顺流而下的船的知觉的例子;我们连续看到这条船在河面上越来越低,而对于这条船的位置连续变化的知觉,却不能因观看者而改变。因此在后一种情况下,他从在现象中的对象的前后相继而获得了他自己理解中的主观的前后相继,并且由于这个原因而把它称为一个**事件**。相反,我主张,**在这两种场合之间根本不存在任何差别**,我认为**这两者都是事件**,并且我们对这两种场合中的认识都是客观的:这就是说,都是本身被主体所认识到了的真实对象中的变化的认识。**这两种场合都是两个物体中相对位置的变化。**在前一个场合,这两个物体中的一个是观察者自身器官的一个部位,即眼睛,另一个则是房子,眼睛按照这个房子的各个不同部分而连续改

变了自己的位置;在第二种场合,则是船沿着河流的方向而改变了
自己的位置;因而变化是在两个物体之间发生的。这两者都是事
件,区别仅在于,在第一种场合,变化发生的起点是在观察者自己
的身体之中,他的全部知觉无疑都起源于这一起点的感觉,然而这
个起点又是对象中的一员,并且因而服从于客观的、物质世界的规
律。对于观看者来说,作为一个纯粹的进行认识的个体,他身体的
任何运动都不过是被经验地知觉到的事实。如果对于观察者来
说,使这条船逆流而上地移动就像改变他自己眼睛的方向一样容
易,那么在第二种场合将变化的连续次序加以颠倒,就将同第一种
场合一样是可能的。康德推断说,关于房子各个不同部分的连续
知觉,既不是客观的,也不是事件,因为它取决于观察者自己的意
志。但是,他的眼睛从房顶到地基的方向运动是一个事件,并且从
地基到房顶的方向的运动是另一个事件,这恰恰与船的航行相同。
这里不存在任何差别,至于它们是事件也罢,不是事件也罢,在我
经过一队士兵和一队士兵经过我之间,也没有差别存在。如果我
们站在岸边上用眼睛紧盯住一只紧贴着这岸边航行的船,便立刻
会觉得好像是船一直站在原处而岸边却移动了。这样,在这个事
例中,我们实际上在位置的相对变化的原因上犯了错误,因为我们
把它归到了一个错误的原因上;然而,我们身体对于这只船的相对
位置变化的真实连续,却被我们十分正确和客观地认识到了。甚
至康德本人也会相信这里不存在任何差别,假如他注意到他自己的
身体乃是对象当中的一员,并且注意到他的经验知觉中的连续取决
于由他的身体从另外一些对象那里获得印象的连续,因而也就是客
观的连续。也就是说,这是一种直接地在对象中(而不是间接地)产

生,并且不依赖于主体意志的连续,因而是可以不借助于任何对他身体不断发生作用的对象之间的因果联系而被正确地认识的连续。

康德说,时间是不能被知觉的;因此表象的连续不能作为客观的连续而被经验地知觉:也就是说不能作为现象中的变化而从纯粹主观表象的变化中区分出来。因果规律作为使各种状态彼此前后相随的规则,只是一种使变化的客观性能够被认识的手段。这样,他这种主张的结果就将是,除了原因和结果的连续,在时间中不存在任何可以被我们客观地知觉到的连续,而其他每一种我们所知觉到的现象的连续,只能是这样地而不是按照其他方式被我们的意志所决定。为了反驳这一切,我必须提出这样一个事实,即对于现象来说,一个**跟着另一个而无须一个来自另一个**,是完全可能的。因果规律也决不会因此而遭到损害;因为因果规律依然断定每一个变化都是另一个变化的结果,这一点是先验地被确立的;只是每一个变化不仅跟随着另一个作为其原因的单个变化,而且也跟随着与这个原因同时发生的一切其他变化,并且这原因与其他的变化不具有任何因果联系。我恰恰不是在一个因果接续的有规则的次序中知觉到这一点,而是在一个完全不同的,然而由于前面提到的原因是同样客观的次序中知觉到这一点的,并且这种次序与任何依赖于我的任性的主观连续,如我想象中的图画,有着天壤之别。在时间中的彼此之间不具有因果联系的事件的连续,恰恰就是我们称之为**偶然性**的东西①。正当我离开自己的房子时,

---

① 德语中的 Zufall,是来自 Zusammenfallen(同时落下)、Zusammentreffen(碰到一起),或者无联系巧合,正如 τό σνυβεβηκοsνoη σνμβαινειν[偶然出现](参看亚里士多德《前分析篇》,Ⅰ,4)。

忽然有一块瓦从房顶上掉下来打中了我；这样，在我的走出和瓦的落下之间，绝无因果联系可言，然而他们的连续次序——即我的走出先于瓦的落下——却是在我的理解中被客观地确定，而不是被我的意志所主观地确定的，否则，如果由我的意志来确定，这个次序就很可能要颠倒。一个音乐作品中的各个音调彼此相随的次序，同样也是客观地被听众，而不是主观地被我所确定的；但是有谁曾想到提出音乐曲调是按照原因和结果的规律而彼此前后相随呢？就连白天和黑夜的连续毫无疑义也是作为一个客观的东西而被我们认识的，但我们同样肯定地没有把白天和黑夜看成是互为因果的；至于它们的共同原因，在哥白尼出现以前，整个世界还都陷于谬误之中，然而对于它们的连续的正确认识，却丝毫没有被这种谬误所扰乱。顺便指出，通过这一点，休谟的假说也找到了对自身的反驳；因为白天和黑夜的彼此相随，——这是一切连续中最古老的并且是最不可能有例外的一个——却从未使任何人陷入把它们当作彼此互为因果的错误。

康德还主张，一个表象只有当我们认识到它同其他表象之间的遵循于规则（因果规律）的必然联系，并且认识到它在我们表象的时间联系的确定次序中的位置时，才表现为实在，推断实在的意思是说它有别于单纯的精神想象。但是，我们能够知道的其位置已在原因和结果的链条中为因果规律所指定的表象，又是何等的少啊！然而我们却能并不费力地将客观的表象与主观的表象区分开来；将真实的对象与想象的对象区分开来。当睡觉的时候，我们便不能做出这种区分，因为我们的大脑这时已经与周围的神经系统相隔离，因而也就与外部的影响相隔离。因此，在我们的睡梦中,我们把想象的东西当成了真实的,并且只有当我们醒来的时候,也就是说,当我们的神经的感受力,并且外部世界通过这种感受力再一次进入我们的意识时,我们才发觉我们错了;然而,即使在梦中,只要梦是在持续着,因果规律也是有效的,只是通常的素材常常为某种不可能的素材所取代。从我们下面引证的一段话看,尽管在一切其他方面,康德的哲学与莱布尼茨的哲学有着巨大的差别,但我们几乎可以认为康德是受了莱布尼茨的影响,例如他说:"可以感觉的事实的真理只存在于各种现象的联系中,并且有着其所以存在的原因,这样就把这种现象与梦幻区别开来了。⋯⋯从客体的含义来说,真正的标准就是现象之间的联系,它决定事实的真理,即存在于我们之外并可以被感觉的事物的真理。"①

　　显然,在用变化的客观连续只能通过因果规律而被我们认识的事实,并就因果规律是一切经验的条件去证明因果规律的先验性和必然性的时候,康德犯了一个非常奇特的错误,并且的确又是一个如此明显的错误,使我们对此的解释,只能是假定他是如此深深地沉溺于我们认识的先验部分,以致忽略了对其他任何人来说都是显而易见的东西。关于因果律的先验性质的唯一正确的证明,是我曾经在本书第 2 节中提出的。这种先验性质任何时候都能从我们据以预期经验与因果规律相符合的绝对可靠性中找到确证:也就是说,这种绝对的可靠性是被我们归于因果规律的一种必然的确定性,这种确定性不同于任何其他以归纳为基础的确定

---

　　①　莱布尼茨:《人类理智新论》,第 4 卷,第 2 章,第 14 节。

性——例如，被经验地认识的有关自然规律的确定性，——根据这种确定性我们可以设想，全部的经验世界中，无论在哪里都不存在因果规律的例外。例如，我们可以**设想**在例外的场合，引力规律也许会停止发生作用，但是不能设想这种事情的发生没有原因。

康德和休谟在他们各自的证明中，犯了彼此相反的错误。休谟主张一切**后果**都不过是单纯的**顺序**，而康德则认定一切**顺序**都必定是**后果**。的确，纯粹的知性只能设想出**后果**（有原因的**结果**），并且不能想象出单纯的顺序，就像不能想象左与右之间的区别一样，左与右的区别和单纯的顺序都同样是只能为纯粹的感性所把握的。关于事件在时间中前后相继的经验知识，确实就像事件在空间中并存的知识一样是可能的（康德在别处否认了这一点），但是，事物在时间中一个跟随另一个的一般方式，却可以被解释为不过也就是一个事物来自另一个事物（作为原因的结果）的方式：前一种知识是由纯粹的感性所提供并以这种感性为条件；而后一种知识是由纯粹的知性所提供并以这种知性为条件。但是在断言现象的客观连续的知识只能通过因果规律而获得时，康德犯了一个同样的并被他用来责备莱布尼茨的错误：这就是把"感性的形式的理智化"的错误①。而我的关于连续的观点则是这样的：我们从时间的形式中获得了关于连续仅仅是**可能性**的知识，这种知识属于纯粹感性的范畴。恰恰以时间为形式的真实对象的连续，是被我们经验地，因而是作为**现实**的连续来加以认识的。但只是由于通

---

①　康德：《纯粹理性批判》，德文第 1 版，第 275 页；第 5 版，第 33 页。

过知性,借助因果规律,我们才得到了两个状态连续的**必然性**的知识:也就是说,得到了关于变化的知识;并且就连我们完全能够想象出一个连续的必然性的事实,也已经证明了因果规律不是为我们经验地认识的,而是先验地赋予我们的。充足理由律是对于我们的一切对象,也就是表象之间的必然联系的基本形式的一般表述,它位于我们认识能力的最深处:它是一切表象的共同形式,并且是必然性观念的唯一源泉,在它的理由被确立后,它除了包含关于后果的相继的观念外,不包含有其他任何东西,并且也没有比这个观念更重要的了。充足理由律,所以决定了我们现在正探讨着的以因果规律为特征的表象层次在时间中的连续次序,理由是,时间是这些表象的形式,因而也就是在这里出现的作为连续规则的必然联系形式。在充足理由律原则的其他形式中,它始终要求的必然联系,将采取与时间形式完全不同的形式,因而也就不再作为连续出现;然而充足理由律始终保留着必然联系特征,充足理由律在自身一切形式中的一致性,或者确切些说以充足理由律为共同表述的所有规律的根据的统一性,通过这种必然联系的特征而把自己展现出来了。

　　如果我所反对的康德的主张是正确的,我们认识连续的**实在性**的唯一方法,就是通过它的**必然性**;但是这就要立刻预先假定有一个包含了全部原因和结果的系列的知性,因而假定有一个无所不知的知性。康德仅仅是为了减少对感性的需要,便把不可能性的重负加到了知性身上。

　　康德主张,我们认识连续的客观实在性的唯一手段就是结果紧随原因的必然性,他还主张,时间中的连续,是我们确定两个状态谁为结果的唯一的经验标准①。我们怎么能够听任这样的主张呢？难道有谁没有看到这里面极其明显的循环论证？

如果我们是通过因果关系去认识连续的客观性，那么，我们就绝不能把它设想为是因果联系以外的东西，并且也就只能是因果关系。因为假如它是任何其他东西的话，那么它就会具有另一个借以被认识的特殊标志；而这正是康德所否认的。所以，假如康德是对的，我们就不能说：这个状态是那个状态的结果，所以这个状态跟随着那个状态；因为"跟随"和"是一个结果"，完全是同一回事情，并且这个命题是一个同语反复。此外，如果我们抛弃了"跟随"与"来自"之间的一切区别，我们就会再一次向休谟的观点屈服，他宣称一切后果都不过是一种顺序，并因而同样否认了这种区别。

所以，康德的证明可以被归结为：我们只能经验地认识连续的**实在性**；但是，由于此外我们还认识到事变的某些系列连续的必然性，甚至先于一切经验地认识到每一可能的事变都必须在这些系列中的某处有一个固定位置，所以，因果规律的实在性和先验性当然是我在本书第 21 节提出的后面一个唯一正确的证明的必然结果。

与康德关于因果联系仅仅表达了客观的连续和我们关于它的可能的认识的理论相类似，并行着另外一种理论：共存性以及我们对它的认识，只有通过相互作用才是可能的。在《纯粹理性批判》

---

① 康德：《纯粹理性批判》，德文第 1 版，第 203 页；第 5 版，第 249 页。

中,这些观点在"经验的第三个类推"的标题下被论述了。康德在这里竟然说到"各个现象的共存,如果它们之间没有相互的作用,而被一个完全虚空的空间所分离,就不能成为可能知觉的对象"①(顺便指出,这将会成为关于在恒星之间不存在虚空的空间的一个先验的证明),并说:"**作用**在我们眼睛和天体**之间**的光线——这是一个偷换概念的表达,就是说星光不仅作用于我们的眼睛,而且也被我们的眼睛所作用,——在我们与天体之间造成了一个相互的共同性,并且证明了后者的共存。"这样,甚至从经验上看,这最后一种主张也是错误的;因为看到一个恒星丝毫也不能证明这个星球与它的观察者同时共存,而顶多证明了这个星球在几年以前甚至在几个世纪以前就存在了;此外,康德的这第二个理论与第一个是休戚相关、共损共荣的,只是它比第一个更容易被察觉罢了;而整个相互作用的观念的无用性,我已经在本书第 20 节中表明了。

我们可以把对康德的证明的反驳同菲德尔(Feder)②和舒尔茨(G. E. Schulze)③生前对这个证明所做的攻击加以比较。

我不是没有经过相当的踌躇,才冒险(在 1813 年)攻击这样一个作为已经证明的真理而被普遍接受的理论,这个理论甚至今天还在最新的出版物④中被重复着,其深刻的智慧令我大为尊敬和景仰,确实,我从这个学说得益是如此之多,以至于它的精神实

---

① 康德:《纯粹理性批判》,德文第 1 版,第 212、213 页。
② 菲德尔:《论空间和因果关系》,第 29 节。
③ 舒尔茨:《理论哲学批判》,第 2 卷,第 422 页以下。
④ 例如,见弗里斯的《理性的批判》,第 2 卷,第 85 页。

质真可以用荷马的一句诗来向我说："让我也来把你眼前的迷雾拨开吧！"①

§24　关于因果规律的误用

根据前面的说明可以得出，把因果规律运用于物质的、经验的既定世界中的**变化**以外的任何事物，就是对因果规律的滥用。例如，把因果规律运用于离开了它一切变化都不会发生的自然力；或者运用于作为变化发生基础的物质；或者运用于世界，在这种场合我们必须把独立于我们理智的绝对客观的存在归之于这个世界；甚至运用于此外的许多其他场合；这些都是对因果规律的误用。我请读者看一看在我的主要著作中我有关这一问题的论述②。这种误用之所以产生，部分是由于我们对因果性概念的运用就像许多其他的形而上学和伦理学的概念一样，是在**太广泛**的意义上使用的；部分是由于我们忘记了，因果规律实际上是一个预先的假定，是我们使它同我们一起来到世界上，借助于它我们对外部世界的知觉才成为可能的；但是，正因为如此，我们才无权把来源于我们认识能力的原则扩展到我们认识能力的范围之外，并且使之独立于我们的认识能力，也无权假定它就像宇宙和一切存在的永恒次序那样有效。

---

① 《伊利亚特》，V，第 127 页。

② 《作为意志和表象的世界》，德文第 2 版，第 2 卷，第 4 章，第 42 页以下；第 3 版，第 2 卷，第 46 页以下。

§25　变化发生过程中的时间

　　由于生成的充足理由律唯独只适用于**变化**,因此我们在这里必须指出,古代的哲学家就已经提出了关于变化发生于其中的时间问题,在这里,变化在前面一个状态的存在中发生,却没有一个后面的状态相继伴随,这种可能性是不存在的。然而,如果我们把变化确定在两个状态之间的一段特殊的时间之中,那么,在这段时间中,一个物体就既不处于第一个状态,也不处于第二个状态。例如,一个正在死去的人,就会是既没有活着,也没有死掉;一个物体既不处于静止状态,也不处于运动状态:这将是荒谬的。我们发现这个问题所引起的种种困惑和诡辩的技巧,都汇集在塞克斯都·恩披里柯的有关著作中[①],在涉及格里尤斯(Gellius)的章节(第6卷,第13章)中,同样探讨了这个问题。柏拉图坚持变化是**突然**发生的,并且根本**不占有时间**,他以这种颇为傲慢的态度处理了这个棘手的问题[②]。他说,变化是突然发生的,他把这称为一种奇特的、非时间(然而又是在时间之内)的存在。

　　因此这个难题便留给亚里士多德的智慧去澄清了,他在《物理学》的第6卷第 i—viii 章深刻而透彻地探讨了这个难题。他关于任何变化都不是在柏拉图的意义上突然发生的,每一个变化都仅

---

　　①　塞克斯都·恩披里柯:《反数学家》,第9卷,第267—271页,以及《假说》,第3卷,第14章。

　　②　柏拉图:《巴门尼德篇》,第138页。

仅是逐渐发生并因此而占有一定的时间的证明,是完全建立在对于时间和空间的纯粹的先验直觉的基础上的;但是这也太令人难以捉摸。然而,这一十分冗长的论证的精髓,可以被归结为以下几个命题。当我们说到彼此互相限制着的对象时,我们的意思是,这两个对象具有共同的终端;因而只有两个延伸的东西,而绝不是两个不可分的东西才能够相邻,因为否则两个东西就会成为**一个东西**,这就是说,只有线,而不是纯粹的点,才能够相邻。他然后把这个论点从空间转移到时间,因为在两个点中间总是有一条线,所以在两个此刻之间总有一段时间;这就是变化在其中发生的时间——也就是说,变化发生在**一个状态**处于第一个此刻、另一个状态处于第二个此刻之间。这段时间,像其他任何时间一样,是无限可分的;因而,每一个变化都在这段时间中经历了无数的阶段,通过这些阶段,第二个状态逐渐地从第一个状态中产生了出来。——通过下面这样一个解释,这个过程也许会更容易被理解。在两个其差别可以为我们的感官所知觉的连续状态之间,总有一些其差别不能为我们所知觉的中间状态;因为,为了被感官感知,新生的状态必须达到一定的强度或者广度:所以第二个状态是以一系列强度或者广度不足的阶段为先导,在经历了这些阶段之后才逐渐产生出来。总而言之,这些中间阶段都被包含在变化的名称之下,而它们所占据的时间则被称为**变化的时间**。如果我们把这运用于被推动的物体,那么,第一个结果便是这个物体内部某些部分的振动,当这种振动波及物体的其他部分之后就爆发了外部的运动。——亚里士多德十分正确地从时间的无限可分性中推论出,充实于时间之中的每一事物,因而每一变化,即每一个从一种状态到另一种状态的过渡,必定同样是可以无限分割的,这样,一切事物的产生实际上都产生于无限多的部分的集合;所以事物的发生永远是逐渐的,而绝不是突然的。根据这些原则和由此而来的运动的逐渐产生的观点,他在这本书的最后一章做出了一个重要的推断,这就是没有任何东西是不可分的,并且没有一个单纯的**点**能够运动。并且这个结论同康德关于物质是"在空间中运动着的东西"的定义是完全一致的。

　　亚里士多德首先这样提出并加以证明的关于连续性和一切变化逐渐发生的规律,我们发现在康德那里曾经被论述了三次:在他的《论感觉界和理智界的形式和原则》,第 14 节;在他的《纯粹理性批判》[①];并且最后是在他的《自然科学形而上学的第一原则》[②]。他在所有这三处地方的解释都是同样简明扼要的,然而却不如亚里士多德的解释透彻,然而总的说来这两种解释是基本一致的。因此我们很难怀疑,康德必定是直接或者间接地从亚里士多德那里吸取了这些观点,虽然康德并没有提及亚里士多德。亚里士多德的命题"此刻的诸瞬间是不连续的"(《物理学》,第 4 卷,第 10 章),我们发现在这里被康德做了如下表述:"在两个瞬间之间,总还有一段时间",这可以用来反驳"甚至在两个世纪之间,也没有任何东西存在,因为在时间中同在空间中一样,必定永远存在着一个纯粹的界限"的观点——这样,康德在不提亚里士多德的同时,却力图在他的三个论述中的第一个,也是最早的一个中,使自己提出

---

①　康德:《纯粹理性批判》,德文第 1 版,第 207 页;第 5 版,第 253 页。

②　康德:《自然科学形而上学的第一原则》中"关于力学的一般说明"的末尾处。

的理论与莱布尼茨"连续性定律"①一致起来。如果这两个人的观点果真是一回事，那么莱布尼茨的观点必定是得自于亚里士多德。莱布尼茨第一次论述这个"连续性定律"是在给培尔的一封信中②。然而在这里他把它称为"一般的秩序原理"，并且在这个名称下提出了一个十分笼统的、含混的，主要是几何学的论证，这个论证与变化的时间并无直接联系，他甚至没提到过这个变化的时间。

---

① 按照他自己的说法，见爱德曼编《哲学全集》，第 189 页。
② 同上书，第 104 页。

第五章 论主体对象的第二个层次,以及在其中居支配地位的充足理由律形式

§26 关于对象的这一层次的说明

人类和动物之间唯一的本质区别——这个区别很早以前就被归结为人类所独有的被称之为**理性**的特殊认识能力——是以人类具有一个动物所不具有的表象层次这个事实为基础的。这就是概念,因而也就是与**直觉**表象相对立的**抽象**表象,然而这又正是从直觉里面获得的。这一点的直接后果,就是动物既不能说话也不会笑;但是间接地说,所有那些把人和动物的生活区分开来的各种不同的重要特征,也都是它的后果。因为由于有抽象表象的伴随发生,动机改变了自己的特征,虽然决定人类的活动的必然性与统治动物活动的必然性是一样的严厉,但是通过这样一种新的动机——就它在这里是由使有选择的决定(即被意识到的动机的冲突)成为可能的**思想**构成的——一种有目的、经过反思的、按照计划和原则的、与其他的活动相协调等等的活动,便取代了当前的、可知觉对象所引起的单纯的刺激;但是,由此也导致了所有那

些使人类生活变得如此丰富、如此矫揉造作和如此可怕的东西，使得生活在西半球上的人，他们的皮肤变得雪白，他们第一故乡的那种原始的、真诚的、深奥的宗教被他们抛弃，他们也不再把动物认作自己的兄弟，并且错误地相信动物同自己有着根本不同，企图通过把它们称为兽类，把它们身上与人类共有的生命机能冠以卑贱的名称，并把它们斥为不开化的东西，来证实他们这种错觉；这样，他们便坚定了否认动物与他们本身之间的同一性的信念，然而这种同一性又在不断地困扰着他们。

　　然而，正如我们已经说过的，全部的区别就在于——除了上一章考察的与动物所共有的直觉的表象之外——人类在自己的大脑中还容纳其他来自于这些直觉表象的抽象表象，这是人的大脑要比动物的大脑大得多的主要原因。这种表象被叫作**概念**，因为每一个概念都在自身之中，或者确切些说是在自身之下，都包含了无数的个别事物，并由此构成了综合。我们也可以把这种表象定义为**来自于表象的表象**。因为形成这些概念时，抽象的能力把我们在上一章中所描述的完整的、直觉的表象分解成为它们的组成部分，以便按照事物的不同性质，或者事物之间的不同关系去分别地思维这每一个部分。然而由于这一过程，表象必然地丧失了它们的可知觉性，正如水被分解后就不再是流体和可见的东西了。虽然每一个这样被孤立（抽象）出来的性质十分便于通过自身而被**思维**，但丝毫不能由此得出它能够通过自身而被**知觉**。我们通过舍弃众多的在知觉中提供给我们的东西形成了概念，以便使剩余的部分能够通过自身而被思维。因此，概念就是一种小于我们知觉范围的思维。如果在考察了知觉的多种多样的对象后，我们舍弃了属于每一个表象的不同的东西而把它们共同的东西保留下来，那么结果就将是这些种的**属**。所以，属的概念就是在扣除了那些不为**每一个种**所具有的东西后，在其中包含了每一个种概念的概念。这样，由于每一个可能的概念都可以被认为是一个属，所以一个概念就始终是一个一般的东西，并且因此而是不可知觉的。由于这个原因，每一个概念也都有着自己的**领域**，作为在其中所能被思维的东西的总和。在抽象思维中，我们上升得越高，我们所舍弃的也就越多，因而剩下的要被思维的东西也就越少。最高的也就是最一般的概念，是最为空洞和最为贫乏的，最后就成了纯粹的外壳，诸如存在、本质、事物、形成，等等。——顺便请问，那种只会杜撰出这种概念的，并且实质上也仅有这样一些思维的肤浅外壳的哲学体系，又有什么用处呢？这种哲学体系必然是极端的空洞、贫乏，因而令人厌倦得可怕。

这样，正如我们所说的，由于这种经过升华和分析而形成抽象概念的表象丧失了一切可知觉性，所以这些表象如果不是在我们的感觉中被一些任意的符号固定和保留下来的话，就将完全从我们的意识中溜掉，并且从它们所注定要参与的思维过程来看，对我们的意识是毫无用处的。而这些符号就是文字。就文字构成了字典并因而也构成了语言的内容来说，文字总是标示出**一般的**表象、概念，而从不是可知觉的对象；而一个列举个别事物的专用语词典，只是包含了一些特殊的名称，而不是文字，一个地理学或者历史学的词典也是如此：这就是说，它列举的是被时间或者空间所分离的东西；因为正如**我的**读者所知道的，时间和空间是个别事物的原则。动物只是由于局限于直觉的表象并且不能进行任何抽象——因而也就不能去形成概念，——所以它们才没有语言，即使它们能够说出一些词汇；然而它们却懂得特殊的名称。我在关于滑稽的理论①中表明，也正是由于同一个缺陷，使得动物与笑无缘了。

在分析一个未受过教育的人所做的滔滔不绝的发言时，我们发现，其中有着丰富的逻辑的形式，句子、成语、区别，以及各种巧妙的措辞，通过它们的音调和结构，甚至通过间接引语，以及不同语气等等的频频使用，借助于语法的形式正确地表达出来，一切都合乎规则，这使我们大为惊奇，并迫使我们从中认识到了一个广阔、完整而连贯的知识。然而，这种知识是在可知觉世界的基础上获得的，而把这个世界的全部本质简化为抽象的概念则是理性的基本任务，并且这种知识只能通过语言才能产生。因此，在学习使用语言的时候，理性的整个机制——也就是说，一切逻辑中的本质的东西，——也被带入到我们的意识之中。显然，没有相当的精神努力和注意集中，这是不能产生的，而学习的愿望则为儿童的精神努力和注意集中提供了必要的强度。只要这种渴望懂得它面前的东西是真正有用的和必须的，那么它就是强有力的，只是在我们把那些不适于儿童理解的东西强加给他们时，这种渴望才显得软弱无力。所以，甚至一个受过劣等教育的儿童，在学习语言的各种措辞和技巧时也像其他儿童一样通过自己的谈话，完成了他的理性的发展，并且获得了这样一种真正的具体逻辑，这种逻辑与其说在于逻辑的规则，不如说在于这些规则具体的运用；这

---

① 见《作为意志和表象的世界》，德文版第1卷，第13节；以及第2卷，第8章。

就像一个具有音乐天才的人只需演奏钢琴，无须去读乐谱或者研习音乐作品，就能学会合音的规则。——只有聋子和哑巴才被排除在上述通过学会讲话而进行的逻辑训练之外；因此在他们没有学会利用专门适合于他们要求的那种取代了理性的自然的训练的完全人工的手段去阅读时，他们简直就像动物一样不可理喻。

§27　概念的有用性

正如，我们上面所指出的我们的理性或说思维能力的基本实质，就是抽象力或说形成**概念**的能力：因而正是这些东西在我们意识中的呈现造成了如此令人惊异的结果。其所以能够如此，主要是根据以下几个原因。

正是由于概念所包含的内容少于它们由以抽取出来的表象，所以概念也就比表象更加容易处理；实际上，概念之于表象，就像高等代数的公式之于使这些公式得以产生并为这些公式所代表的心算活动，或者就像对数之于它所代表的数目。概念只包含它们由以抽取出来的许多表象中我们所需要的部分；如果我们不是试图用想象的方法去代替这些表象本身，我们就只好不得不拖着一副只会困扰我们的非本质的杂物的重担；然而借助于概念，我们就能够只去思考所有这些表象中的为每一个别的目的所要求的那些部分和关系，这样，它们的工作就好比是舍弃了多余的行李，或者好比用植物的提取物取代了植物本身——用奎宁取代了树皮。被确切地称为**思维**的东西，它的最严格的含义就是理智借助于**概念**

的占有：也就是我们现在放在我们面前的这一层次的表象在我们意识中的呈现。这也就是我们所谓的**反思**，这是从光学借用过来的一个术语，这个词立刻表示出来了这种认识的派生的和第二性的特征。正是这种思维，这种反思，给了人以**深入思考**的能力，而这正是动物所缺少的。因为，通过使人能够在一个概念下思考许多事物，然而又始终只是思考每一事物中的本质部分，概念就使人能按照自己的意愿去舍弃任何一种区别，因而，甚至是舍弃在时间上的以及在空间上的区别，并且这样就获得了在思维中进行概括的能力，不仅能对过去和将来进行概括，而且也能对不存在的东西进行概括；然而动物从任何一种角度看都被严格地限制在当前的事物上。这种深入思考的能力也是人的所有那些理论上的和实践上的成就的真正根源，这些成就使人能够如此巨大地优越于动物；首先，是人在考虑过去的同时也能照顾到将来的根源；其次，是人在一切事业中的那种事先计划了的、系统的、有条理的步骤的根源，并因而是许多人为了一个共同目的而协作的根源，从而也是法律、制度、国家等等的根源。——然而，概念运用的重要性，尤其是在科学中，因为严格说来，概念是科学的素材。确实，一切科学的目的最终都可以归结为通过一般而得到特殊知识；这又只是运用包括了一切和无的句子才成为可能，并且也只有通过概念的存在才是可能的。所以亚里士多德说道："没有一般，就不可能有知识。"[1]概念恰恰就是那些"一般"，它们的存在方式在中世纪酿成了唯实论和唯名论没完没了的争论。

***

[1]　亚里士多德：《形而上学》，XII，第 9 章。

§28　概念的表象　判断力

正如我们已经说过的,概念是不能同想象的图画相混淆的,想象的图画是直觉的和完整的,因而是个别的表象,虽然它们不是直接由感官的印象所唤起,因而也就不属于经验的复合体。但是,在把想象的图画作为概念的表象来使用时,我们也应当把想象的图画(幻想)同概念区别开来。当我们试图把握使一个概念得以产生的直觉表象本身并试图使它与这个概念相吻合时,幻想就当作**概念的表象**来使用了,而这在任何情况下都是不可能的;因为不存在任何比如说一般的狗、一般的颜色、一般的三角形、一般的数目的表象,也不存在任何想象的图画可以和这些概念相一致。所以,当我们想象出一只狗或者别的东西时,它作为表象,必定在各个方面都是被规定了的:这就是说,它必定具有一个确定的大小、形状、颜色,等等;即使它所体现的概念并无这些规定。然而,当我们利用这样的**概念表象**时,我们总是意识到了这些表象并不满足于它们所体现的概念,并且充满了任意的规定。在关于人类理智的第12篇论文的第一部分末尾,休谟表示他本人赞同这种观点,就像卢梭在他的《论不平等的起源》中所表示的那样[①]。反之,康德在其"纯粹知性概念形式化"一章里却持完全相反的观点。问题就在于内省和清晰的反思是能够单独来判定的。因此,我们每个人都必须检查一下自己,是否意识到他自己的概念中的先验的纯粹想象的

---

① 见该书第1部分的中部。

交织字母，或者，例如当他思考一只狗时，他是否意识到了某种"狗和狼之间"的东西；或者正如我们在这里所表明的，他是否是在通过他的理性去思维一个抽象的概念；或者是通过他的想象来把这个概念的某种表象作为一个完整图画而表现出来。

一切思维，从较为广泛的意义上说，也就是一切内在的精神活动，都必须有文字或者想象的图画；缺少其中任何一个，思维就无所依据。然而，这两者并非同时都是必需的，虽然它们可以彼此合作以互相支持。这样，从一个比较严格的意义上看，思维也就是利用字而进行抽象反思——它或者是纯粹的逻辑推理，在这种情况下，它严格地把自己保持在自己固有的范围内，或者为了同知觉表象达成一个知性而涉及了知觉表象的界限，以便使经验所给予并为知觉所把握的东西同清晰的反思所导致的抽象概念联系起来，并且由此而达到对它的完全占有。因此，在思维中，我们不是在探索概念或者既定的知觉所从属的规则，就是在探索对既定的概念或者规则予以证明的特殊场合。在这种性质中，思维就是**判断力**的活动，并且（按康德的划分）在第一种场合是反思的活动，在第二种场合则是归纳的活动。因而判断力也就是直觉认识和抽象认识之间的中间环节，或者说是知性和理性之间的中间环节。在大多数人那里，判断力仅仅是初步的存在，甚至往往是名义上的存在[①]；它们注定要受其他人的指使。并且除非必需，我们可不再讲到它们。

---

① 让那些认为这个断言未免夸张的人去考虑一下歌德的"色彩理论"的结局吧。假如他为我在这个结局中找到的例证而惊奇，那么他自己也将再次证实这一点。

　　一切认识的真正核心就是这种借助于直觉表象而活动的反思,因为它追溯到了一切概念的源泉和基础。因此是这种反思导致了一切真正的原始思想、一切最初的基本观点和一切发明,只要在其中不是偶然性占了最大成分的话。**知性**在这样的思维中占据着优先地位,而理性则是纯粹的抽象反思中的主要成分。长时间漫游在我们头脑中的某些思想,就属于这种反思:这些思想游来游去,一会儿落在这种直觉上,一会儿又落到另一种直觉上,直到最后变得清晰了,在概念中被固定下来,并且找到了表达它们的文字。当然,有些思想从来也没有找到表达自己的文字,并且很不幸,这些思想是所有思想中最好的思想,正如阿普留斯(Apulejus)说的:对于文字来说是好得过分了(《变形记》,Ⅺ,23)。

　　然而,亚里士多德认为没有想象的图画,任何反思都不可能,他是走得太远了。关于这一点他说:"离开了想象,心灵就不会思想",并说:"一个人在想到某物时,必定同时想到了与之伴随的形象",还说:"没有想象就没有思想"[①]。这些话对 15 和 16 世纪的思想家们产生了深刻的印象,因而他们反复地强调亚里士多德的这些言论。例如,米兰多拉(P. de Miran dula)说道:"进行思考和思维的人,必定看到想象的必然显现。"[②]米兰希顿(Melanchthon)说道:"思维的人必定看到了想象图画。"[③]布鲁努斯(J. Brunus)说道:"亚里士多德说:谁要想获得认识,就必须进行想象"。[④]　波旁

---

① 　亚里士多德:《论灵魂》,Ⅲ,第 3、7、8 章。

② 　《想象》,第 5 章。

③ 　《论灵魂》,第 130 页。

④ 　《想像的构成》,第 10 页。

那蒂尤斯（Pomponatius）也按同样的意义表述了自己的见解。[①]——总而言之，可以肯定，每一个真实的和基本的概念，甚至每一个名副其实的哲学原理，必定具有某种直觉的观念作为其最内在的核心或根据。这种尽管短暂而单一的核心或根据进而把生命和精神授予整个分析，不论这种分析多么详尽，——就像一滴正确的试剂通过它所导致的沉淀物的颜色而提供了整个结论一样。一个分析具有了这样一种核心，就好比是由拥有现金担保的商行发行的银行票据；而出自纯粹概念的组合的其他分析，就像是只拥有转账单据担保的商行发行的银行票据。所以一切推理的言论都导致了使概念更为清晰的结果，但是严格说来，却不能导致任何新的见解。因此，这种事可以交给每一个人自己去处置，而不必每天都充斥在书籍之中。

§29　认识的充足理由律

但是严格地说，思维并不是抽象概念在我们意识中的直接呈现，毋宁说，思维是逻辑学在判断理论中所表明的在各种限制和修饰下两个或者更多的抽象概念间的联系或分离。被清晰地思想和表达出来的概念之间的这种关系，我们称之为**判断**。关于这些判断，充足理由律也是适用的，然而在形式上则与我们上一章所阐明的有很大的不同；因为在这里，它表现为认识的充足理由律。充足理由律就此而宣称，如果一个判断想要表达任何种类的**认识**，它就

①　《论不朽》，第54、70页。

必须具有一个充足的理由：借助于这种性质，这个判断才获得了真实的谓词。这样，**真理**就成为一个不同于某件事物本身的被称之为该事物的理由或根据的判断的联系。正如我们马上就会看到的，这种理由本身可以有相当多的种类。但是，由于这个理由又始终是某种使判断建立于其上的东西，所以它的德文术语，即 Grund 选得并不坏。在拉丁文中，以及在一切起源于拉丁语的文字中，表示认识的理由的词汇，同用来表示理性的能力（rationatio）的词汇是一样的：这二者都被称作 ratio，la ragione，la razon，la raison，the reason。由此显而易见的是，关于判断的理由的认识曾经被认为是理性的最高功能和根本任务。这些使判断能够建立起来的根据，可以分为**四个**不同的种类，通过判断而获得的真理，也将相应地有所不同。这些种类将在下面一节中论述。

§30　逻辑的真理

　　一个判断可以有另一个判断来做自身的理由，在这种情况下，这个判断便有了**逻辑的**或**形式的**真理。它是否也具有一个实质的真理，这还是一个尚待解决的问题，并且取决于作为它的根据的判断是否具有实质的真理，或者它所据以建立的判断系列是否导致一个具有实质的真理的判断。这种一个判断在另一个判断之上的建立，总归是这两个判断之间的一种比较，这种比较或者通过单纯的换位法或换质位法而直接地产生，或者通过加上第三个判断而产生，于是我们建立的关于判断的真理通过它们之间的相互联系就变得显而易见了。这种推演就是一个完整的三段论。它或者产生于对当法，或者产生于小前提。由于借助于第三个判断而使一个判断建立在另一个判断之上的三段论绝不涉及判断以外的任何其他东西；而且由于判断不过是概念的组合，而概念又是我们理性独有的对象，所以三段论被正确地称为理性的特殊功能。事实上，整个三段论的科学，不过就是关于将充足理由律运用于判断间的相互关系时各种规则的总和；因而它也就是**逻辑的**真理的准则。

　　通过四个著名的思维规律而使自身的真理显而易见的那些判断，本身也必须同样被看作是以另外一些判断为基础的；因为这四条规律本身恰恰就是判断，另外的那些判断的真理就是由此而产生的。例如，"三角形是包含有三条边的空间"这个判断，它的最终理由便是同一律，也就是通过同一律而表达出来的思想。"没有一个物体不具有广延"这个判断，它的最终理由就是矛盾律。再比如，"任何一个判断全部或者真或者不真"，则以排中律作为它的最终理由。最后，"如果不了解为什么，就没有人能够承认任何一个事物是真的"，又是以认识的充足理由律作为自己的最终理由。的确，在我们理性的一般使用中，我们在承认那些产生于思维的四个规律的判断为真以前，并没有把这些判断归结为作为它们的前提的最终理由。这是因为大多数人甚至不知晓这些抽象规律的真正存在，然而这些判断对于作为它们的前提的规律的依赖却并不因此而减少，正如第一个判断对于第二个作为前提的判断的依赖，并不因为这样一个事实而减少，这个事实就是，当一个人说"这个物体的支撑物如果移开，它就得落下来"时，完全没有必要使"一切物体都趋向于地球的中心"的原则呈现在他的意识之中。因此，如果说逻辑学中的**内在的真理**至今已被归结为一切唯独以思维的四个规律为基础的判断,也就是说,如果这些判断已被**直接地**判定为真的,并且如果说这种**内在的逻辑的真理**由于被归结为一切具有另一个判断作为自己的理由的判断而同**外在的逻辑的真理**区分开了,那我是不能赞同的。每一个真理都是一个判断与某种**外在于它的东西**之间的关系,而**内在的真理**这个提法是自相矛盾的。

§31　经验的真理

一个判断可以建立在表象的第一层次基础之上,也就是建立在通过感官而获得的知觉,因而也就是经验的基础之上。在这种情况下,这个判断具有**实质的真理**,而且,如果它是直接地建立在经验之上,这种真理就是**经验的真理**。

当我们说,"一个判断具有**实质的真理**"时,我们的意思大体上就是,这个判断的各个概念是按照它由以被推出的直觉表象的要求而连接、分离和限制的。获得这种认识是判断力的直接功能,这是认识的直觉能力与抽象推论能力之间的中间环节,换言之,是知性与理性之间的中间环节。

§32　超验的真理

存在于知性和纯粹感性之中的各种形式的直觉的、经验的认识,作为一切可能经验的条件,可以是一个判断的根据,在这种情况下,这个判断是先验综合判断。然而由于这种判断具有实质的真理,它的真理便是超验的;因为这种判断不仅是以经验为基础,而且也以存在于我们之中的一切可能经验的条件为基础。因为这种判断恰恰是由决定经验本身的东西来决定的,也就是说,它或者由我们先验地知觉到的空间和时间的形式所决定,或者由我们先验地认识到的因果规律所决定。两条直线并不包含一个空间;没有原因任何事物都不会产生;物质既不能产生也不能消失;3×7=21;这些命题就是这种判断的实例。整个纯粹数学,同样,我有关先验的值得赞许的文献①以及康德的《自然科学的形而上学基础》中的大部原理,严格说来,都可以被用来证实这种真理。

§33　超逻辑的真理

最后,一个判断可以建立在包含在理性之中的一切思维的形式条件上;在这种情况下,这种判断的真理在我看来,最好被规定为**超逻辑的真理**。这一表述完全没有牵扯到十二世纪萨里斯伯材西斯(J. Sarisberriensis)所写《超逻辑学》,因为他在序言中宣称:"我把我的这本书称为《超逻辑学》,是因为我有责任为逻辑辩护",此外他再也没有使用这个字眼。这种超逻辑的真理判断只有四种,它们很早以前就被归纳法所发现,并且被宣称为一切思维的规律;虽然人们对于这些判断的表述以及它们的数目还不完全一致,但对于它们的基本含义却是大家一致赞同的。这些判断就是:——

---

① 见《作为意志和表象的世界》,德文第3版,第2卷,第9章,第55页。

1.一个主词同它的谓词的总和相等，或者说，a＝a。

2.没有一个谓词能同时附属于一个主词又不属于这个主词，或者说 a＝－a＝0。

3.每个主词必须包含两个彼此对立、互相矛盾的谓词中的一个。

4.真理是一个判断同一个外在于它的、作为它的充足理由的东西的关系。

正是借助于我倾向于称之为理性的自我省察的这种反思，我们才认识到，这几个判断表达了一切思维的条件，并因而使这些条件成为它们的理由。由于我们的理性在致力于与这些规律相抵触的思维时毫无结果，所以，它认识到了这些规律是一切可能的思维的条件：于是我们发现，与这些规律相抵触的思维的不可能，正如要使我们身体的一些部位按照与它们的关节相反的方向活动一样不可能。假如对于主体来说认识自身是可能的，那么这些规律就将**直接**地被我们所认识，并且我们也就不再把它们放到对象，也就是表象上去试验了。在这一方面，这恰好与那些具有超验的真理的判断的理由是一样的；因为这些理由也并不直接地进入我们的意识，而首先是以具体（copcreto）的方式，通过对象，也就是表象，才进入我们的意识。例如，在试图设想一个没有居先的原因的变化时，或者在设想物质的产生或消灭时，我们就会意识到这是不可能的；而且我们把这种不可能性看作是一个客观的东西，虽然它的根据处于我们的理智之中：因为否则我们就不能用一种主观的方式把它提交意识。总而言之，在超验的真理和超逻辑的真理之间，存在着非常的相似性和联系，这表明这两种真理是产生于一个共同的根据。我们在本章看到充足理由律主要是作为超逻辑的真理,而它在前一章(第32节)中又作为超验的真理而表现出来,在下一章,它又将在另一种形式中作为超验的真理而再次被看到。恰恰是由于这个原因,在本书中,我为要把充足理由律确立为一个有四重理由的判断而煞费苦心;我在这里并不是说四种不同的理由偶然地导致了一个相同的判断,而是说一个理由从四个方面把自己展示出来,这就是所谓的四重根据。另外的三种超逻辑的真理彼此是如此非常地相似,以致正如我的主要著作第二卷第九章中所做的,当在考察它们中的一个时,几乎必然地会导致去寻求它们几个的共同表达。另一方面,这三个超逻辑的真理又同充足理由律有着相当大的区别。如果我们在超验的真理中为另外三种超逻辑的真理寻求一个同源语,那么我选中的一个就是:实体,我指的是物质,它是不灭的。

§34 理性

由于我在本章中所涉及的表象层次是唯独人才具有,并且正如我所表明的,由于一切将人类的生活同动物的生活如此有力地区别开来,并赋予人类以如此巨大的优越性的东西,是以人的这些表象能力为基础的,所以这种能力显然并且无疑构成了自古以来就被认为是人类特权的理性。同样,一切被各个民族一直都明确地看作是理性的产物或表现的东西,即作为理性的产物或表现的东西,也都显然可以被归结为以文字为条件的仅仅对于抽象的、推理的、反思的、间接的认识来说才是可能,而不是对于那些也属于动物的、纯粹的、直觉的、直接的、感性的认识来说才是可能的东西。西塞罗正确地将理性和说话放在一起，并且这样描述它们说：
"通过教导、学习、传达、磋商和判断，人们彼此成为朋友"①，等等；
并说："如果愿意的话，被我称为理性的东西，也可以用更多的词汇
来称呼：精神、思考、思想和思索"②；还说："理性是唯一能够使我
们优越于动物的东西，借助于理性我们才有能力进行预见、论证、
反驳、作出某种安排和决断。"③但是，古往今来在一切国家里，哲
学家们都是一成不变地在这样一种意义上谈论着理性，甚至康德
本人也一直把理性归定为天赋的才能或者推理的能力；虽然不可
否认，是他最先导致了那些由此而来的被歪曲了的观念。在我的
主要著作④中，以及在《伦理学的基本问题》中，我用很大的篇幅说
到了关于哲学家们在这一点上的一致意见，以及关于理性的真正
性质，以反驳那些被歪曲了的概念，为此，我们必须谢谢那些本世
纪的哲学教授们才是。因此我不必再重复我在那里已经说过的东
西，并把我自己限制在以下的考察范围之内。

　　我们的哲学教授们心甘情愿抛弃迄今给予借助于反思和概念
的思维和思考能力的名称，这种能力把人和动物区别开来，并使语
言成为必需以便我们能胜任于它的运用，一切人类的思想和人类
的成就都由于这种能力而结合在一起，因而，一切民族甚至一切哲

---

① 西塞罗：《论职责》，Ⅰ，16。

② 西塞罗：《论神的本性》，Ⅱ，7。

③ 西塞罗：《论法律》，Ⅰ，10。

④ 见《作为意志和表象的世界》德文第 2 版，第 1 卷，第 8 节，亦可见附录，第
577—585 页（第 3 版，第 610—620 页），以及第 2 卷，第 6 章；最后可见《伦理学的两个
基本问题》德文第 1 版，第 148—154 页（第 2 版，第 146—154 页）。

学家都是根据这一事实去考察并且在这种意义上去理解这种能力的。我们的哲学家不顾一切合理的口味和习惯,硬说这种能力从今以后应该被称为**知性**而不是**理性**,并且一切来自于这种能力的东西都应叫作**理智的**而不是**理性的**,当然这里面有一个棘手的怪圈,就像是乐曲中的一个杂乱的音调一样。在一切国家中,自古以来**知性**、**理智**、**敏锐**、**机敏**,等等,这些词总是更多地被用来表示我们在上一章所说的直觉能力;而与这里所谈论的理性的结果尤其不同,它的结果则总是被称作理智的、明智的、聪明的东西,等等,所以,理智的东西和理性的东西,作为精神能力的两种完全不同的表现形式,总是彼此互相区别的。然而,我们的哲学教授却不能考虑到这一点;他们的策略是要求牺牲,而在这种场合下的呼吁就是:"走开,真理;因为我们心中有着崇高的、十分明确的目标!给我们让开,真理,为了上帝的崇高荣誉,就像你早已经学会了的那样去做! 难道是你给了我们学费和盘缠? 走开,真理,走开;蹲在角落里发挥你的长处去吧!"事实是,他们为自己的杜撰和捏造而需要理性的地盘和名称,或者更确切和更坦率地说,是为了那种完全虚构的能力而要求理性的地盘和名称,指望帮助他们从康德使他们陷入的困境中摆脱出来:他们虚构的是一种直接的、形而上学的认识能力;也就是说,是一种超越于一切可能经验的认识能力,它能够从事物本身和事物的关系中直接把握事物和世界,因而,就是说,它首先是上帝的意识,它直接地认识出上帝就是主宰,先验地对上帝创造宇宙的方式加以解释。如果这听起来太平常,那么就是先验地解释上帝从自身之中制造出宇宙的方式,或者说,上帝在一定程度上通过多少必要的有生命的过程把宇宙生产出来的方式,再或者——作为一种最为简洁的程序,而不管这是多么可笑——这就是按照君主在接见结束时的习惯,干脆把宇宙"解散",并让它自己迈开腿,想去哪里就去那里。说实在的,在敢于迈出这最糟糕的一步上,我们发现没有再比黑格尔更厚颜无耻的拙劣作者了。然而正是这种被极度夸大了的汤姆大叔的愚蠢举动,在"理性认识"的名称下,充斥着近五十年来上百卷的书籍,并且形成了如此众多的被其作者称为哲学著作的论证,以及被另一些作者称为科学著作的论证,——这真是令人啼笑皆非——这种表述翻来覆去真令人厌烦。被冒失而武断地当作全部这种智慧的根源的**理性**,据说是一种"超感觉的"能力,或者说一种"理念"的能力;总之是一种直接为形而上学而设计出来的处于我们内部的神奇力量。然而,近半个世纪以来,行家们在关于感觉通过何种方式而知觉这种超感觉的神奇东西的问题上,有着相当不同的意见。按照最大胆的说法,理性有一种对于绝对的直接的直觉,甚至有一种无限的不受约束性(ad libitum)及其向有限展开的不受约束性。另外一些不那么大胆的人则认为,理性接受这一信息的方式,与其说带有视觉的性质,不如说带有听觉的性质;因为理性毕竟不是看到,而只是**听到**了发生在云雀国中的事情(阿里斯多芬:《云雀》第821页等),然后如实地把它所得到的东西转达给知性,以便整理成哲学教科书,按照耶可比的一个双关语,甚至德文中关于理性的名称"Vernunft"也是从改了装的"Vernehmen"(听见)那里派生出来的;它又显然是来自于由语言来传达并以理性为条件的"Verne-hmen",从而也就指明了对于文字的独特的知觉及其含义,这与动物也具有的单纯感性的听觉是对立的。但是,半个世纪之后,这个蹩脚的双关语一直深得青睐，它被当作是一种严密的思想，或者甚至被当成了证明，并且一遍又一遍地被重复着。而这些行家们中最谨慎的则又主张，理性既不能去看也不能去听，因此它既没有收到视觉也没有收到任何关于这些神奇东西的传说，并且包含着一种单纯的模糊的"惩戒"，或者说对这些东西的疑虑；但是他们然后都去掉了其中的字母 d，从这个字（Ahnung[担忧]）中于是便获得了一种特别的呆傻风格，既然有了这种智慧的使徒的羞怯目光的暂时支持，它是不能不去争取登场的。

我的读者知道，我只是在柏拉图主义的原始意义上采用了**理念**（idee）这个词，并且在我主要著作的第三卷中详细而透彻地讨论了这种观点。另一方面，法国人和英国人牢牢地把握住了 idée（法文**理念**）或者 idea（英文**理念**）这个词非常普通但又十分清晰和确定的含义；然而德国人一听到 Ideen（理念）这个词（特别是在像黑格尔那样说出 Uedähen 这个词）时，就张皇失措；他们心慌意乱，就像是坐着气球升入空中。因此，对于我们的行家来说，这里是一个理智的直观发挥作用的场所；于是，他们中间最厚颜无耻的那位，臭名昭著的**骗子**黑格尔，干脆就把他关于宇宙和万事万物的原则称为"理念"，其中当然包括他们要去把握某件事物的全部思想。但是，如果我们追问理性因之被断言为一种能力的这种理念的性质，那么为了不使我们难堪而给予的解释就是一大堆空洞、夸张、混乱的废话，它占用了如此长时间，以致读者如果不是听到一半就睡着了，他一定会发现自己在末了不但没有弄懂，反而越来越糊涂；他甚至会猜想这些理念与幻觉倒十分相似。同时，如果任何人表示出想要多了解一下这种理念的愿望，他一定会把万事万物都给开列出来。于是理念就将成为这些经院哲学家的课题——我在这里指的是关于上帝、一个不朽的灵魂、一个真实而客观地**存在**的世界及其规律的各种表象中的主题,康德不适当地把这些主题称为理性的理念,正如我在《康德哲学批判》中表明的,这是错误的和不合理的,然而他仅仅是打算证明论证这些主题的根本不可能和这些主题完全缺乏理论上的根据。然后,作为一个变种,它又将仅仅是上帝、自由和不朽;在另外一些时候,它就将成为我们在第20节中就已经有所了解的"绝对",作为宇宙论的证明而被迫改头换面地传播着;或者它作为与有限相对立的无限;总之是因为德国的读者偏重于满足这样一种空洞的夸夸其谈,而没有觉察到他能够从这里整理出的唯一明确的思想就是"这是有一个终结的东西"和"这是个什么也没有的东西"。而且,"善、真、美",作为改头换面了的**理念**,是深为富于伤感情调和软弱心肠的人所垂青的,虽然它们实际上不过是三个非常广泛而空洞的概念,因为它们是从众多的事物和关系中抽取出来的;所以,同其他许多这样的抽象一样,这三个概念也是极度空洞的。至于它们的内容,我在前面(第29节)已经表明,真理具有一种唯独从属于判断的性质;也就是说,一种逻辑上的性质;而关于另外的两个抽象,我请我的读者一方面参照一下我的主要著作第一卷的第65节,另一方面参照一下该书的整个第三卷。然而,如果每当提及这三个贫乏的抽象,就摆出一副庄严而神秘的样子,把眉毛扬到了额顶,那么青年人是很容易受到诱惑而相信在它们后面潜藏着某种奇特而难于表达的东西,从而使这三个抽象获得了类似理念的尊称,并且青年人也很容易被拴到这辆自称的形而上学的理性的凯旋车上。

　　因此当我们被告知,我们具有一种直接的、物质的(即是说,不仅在形式上,而且在实质上的)、超感性认识(即是说,一种超越于一切可能经验的认识)能力,一种专门为形而上学的洞察力而设计出来的能力,并且为了这个目的,这种能力是天生地存在于我们之中的,那么,我必须冒昧地把这称为一个彻头彻尾的谎言。因为不带偏见的自我考察将会使我们确信,在我们之中根本不存在这样的能力。而且,随着时间的流逝,一切诚实的、名副其实的、可以信赖的思想家所达到的成果,将精确地与我的主张相吻合。我的主张是这样的:一切在我们整个认识能力中固有的东西,因而一切先验的并独立于经验的东西,都严格地局限于认识的**形式**部分;也就是说,局限于关于理智的特殊功能的意识,以及关于这些功能可能发生作用的唯一方式的意识;但是,为了提供物质的认识,所有这些功能就都需要来自外部的物质。因此在我们之中存在着外部的、客观知觉的形式:时间和空间,还有因果规律——它作为知性的纯粹形式,使知性能够构造出一个客观的、有形的世界,——最后,是抽象认识的形式部分:这最后一部分被放在**逻辑**之中加以探讨着,我们的先辈因此而正确地把逻辑称为关于**理性的理论**。但正是这个逻辑同时也告诉我们,构成那些涉及全部逻辑规律的判断和结论的概念,它们在**质料**和**内容**上必须依赖于**直觉的**认识;就像产生出**这种直觉认识**的知性在为它的先验形式提供了内容的质料上依赖于感觉一样。

　　这样,一切存在于我们认识中的物质的东西,也就是说,一切不能被归结为主观形式的东西,不能被归结为个体的活动方式的东西,不能被归结为我们理智的功能的东西——因而也就是认识的全部质料——都是来自于外部；这就是说，最终是来自起源于感觉的、对有形世界的客观知觉。这样，正是这种直觉的并就涉及物质内容而言的经验的认识，被**理性**——**真正的理性**——整理成为概念，并借助于文字感性地固定下来；然后这些概念又通过构成我们思维世界中的经纬线的判断和推理而为理性的无穷无尽的组合提供了质料。因此，**理性**根本不具有**物质**的内容，而仅仅具有**形式的**内容，并且这是逻辑学的对象，其中因而只包含有思维活动的形式和规则。在反思中，理性完全是被迫地从外部世界获得，即从一个由知性所造成的直觉表象中得到了它的物质内容。在形成概念的时候，理性把自己的功能施加于这种表象，首先是通过舍弃事物的某些不同的性质而保留下另外的一些，然后剩下的这些性质又被连在一起组成了一个概念。然而，正如我已经表明的，表象在它们变得更容易处理的同时，也就由于这个过程而失去了直觉地被知觉的能力。因此，理性的功效正在于此，也仅在于此；而它却从来也不能**从自身的源泉而提供**物质的内容。——它只有形式：它是阴性的；它只能受孕，却不能生育。理性这个词在一切拉丁语系以及日耳曼语系的语言中都是阴性，而知性则一律均为阳性，这并不是出于纯粹的巧合。

　　当运用诸如"健全的理性教导说"或者"理性应当控制感情"这类的表述时，我们绝不是说理性从自身的源泉中提供了实质的认识；倒不如说我们是在表明理性反思的结果，就是说，表明了来自这样一种原则的逻辑推论，这种原则使抽象的认识得以逐渐地从经验中凝聚起来，并且通过它我们获得了清晰而全面的观念，这种观念不仅是经验必然性的，因而是可以对事物的发生加以预见的观念，而且甚至也是我们自身行为的理由和后果的观念。"**合理性的**"或"**合理的**"在任何时候都只是"**连贯的**"或者"**合逻辑的**"之同义语，并且反过来说也是如此；因为逻辑只不过是理性特有的程序本身，它在一个由各个规则组成的体系中表达出来；因此，这些表达（合理的和合逻辑的表达）彼此间的关系，同理论与实践的关系是一样的。也完全是在这个意义上，当我们说到一个合理的举动时，我们的意思是说这是一个十分连贯的举动，因而它出自于普遍的概念，而不是为瞬间的暂时印象所决定。然而，这种举动是否道德，却完全不能由此来决定，道德的善恶与此毫不相关。对所有这些的详细解释可见于我的《康德哲学批判》①以及我的《伦理学的两个基本问题》②。最后，得自于**纯粹理性**的概念，不论是直觉的还是反思的，也就是那些根源于我们认识能力的**形式**部分的概念，因而也就是那些我们能够先验地，也就是无须借助于经验而向我们的意识提供的概念。这些概念总是以那些具有超验的或超逻辑的真理的原则为基础。

另一方面，一种最初从自身的源泉中提供出物质的认识并且传递了超越于可能经验范围的实证信息的理性；一种为了做到这一点就必须包含**天赋观念**的理性，也是一个纯粹的虚构，这是我们的哲学教授的发明，并且是康德的《纯粹理性批判》引起他们恐怖的产物。现在我怀疑，这些绅士是否了解真正的洛克并且曾经读

---

① 《作为意志和表象的世界》，德文第 2 版，第 1 卷，第 576 页以下；第 3 版，第 610 页以下。

② 《伦理学的两个基本问题》，德文第 1 版，第 152 页；第 2 版，第 149 页以下。

过他的著作？也许他们早就草率而肤浅地读过他的著作，然而又从他们自以为优越的高度来自鸣得意地蔑视这位伟大的思想家；也许他们是根据某些拙劣的德文译本去了解洛克的；因为我迄今都不认为，对现代语言的认识的增进是与对古代语言认识的可悲的减少成正比的。此外，甚至对康德哲学的一个真实而全面的认识，如今除去在极少数年事很高的人那里以外，也很难找到，哪里还有时间顾得上像洛克这样旧时的蒙冤者呢？现在已经成长起来的年轻一代当然是不得不献身于研究"黑格尔伟大的精神"，研究"崇高的施莱尔马赫"，并研究"精明的赫尔伯特"。可悲啊，可悲！这种学院式的英雄崇拜和来自受尊敬的官方同僚或有希望的追随者对大学名人的颂扬中的巨大危害，恰恰在于把一个普通的理智——大自然的单纯的制品，——当作掌管人类精神、奇迹和圣物的东西而呈送给了判断力尚未成熟的最诚实而又易于轻信的年轻人。学生们便立即用全副精力对这些庸才无休止的平淡无奇的作品进行枯燥研究，滥用分配给他们那短暂的、极为宝贵的大学时光，而没有用这样的时光去获得他们本来可以在那些极为稀少的、名副其实的、真正罕见的思想家，即极少数在深不可测的波涛中游泳的人的著作中发现的可靠知识。这些思想家只是在很长时期里才时而露面，因为大自然每样东西只造一件，然后"就销毁了模子"。假如我们的年轻人自己享有的那一份智慧没有被那些极其有害的平庸吹捧家，被那些庸才的兄弟会和一个庞大团体的成员们骗走的话，这一代人将同那些伟大人物一样，本来是可以理解生活的，而这个团体今天就像过去一样活跃并且还在尽量地高悬着它的旗帜，顽固地同一切伟大而真诚的人物相对抗，因为这些人物

使它的成员蒙受了耻辱。多亏了他们,我们的时代才落到如此的
地步,以致我们先辈多年研究,认真运用并尽力领会的康德哲学,
再一次对当代人变得陌生了,这代人就像谚语所说的"是七弦琴前
的蠢驴"一样站在它面前,当他们笨拙而粗鲁地攻击它时,——就
像是野蛮人在向他们所不熟悉的希腊神像掷石头。正是由于这个
原因,我感到我有责任奉劝所有那些直接地知觉、理解和认识到理
性——简言之是从自己本身的源泉提供物质的认识——的拥护者
们,去读一读洛克著作的第一册,这到目前在全世界已经盛行了一
百五十年,而对他们来说则是一件新的东西,并且在其中,尤其是
要详细读一读第三章的§21—§26节,这是直截了当地针对任何
天赋观念的。虽然在否认任何天赋的真理时,洛克是走得太远了
一点,由于他把他的否认甚至也扩展到我们**形式的**认识上——在
这一点上他已经被康德成功地纠正了——然而在关于**物质的**认
识,也就是说在关于一切提供实体的认识这一点上,他完全而无可
否认地是正确的。

　　我在我的《伦理学》中已经讲过了我在这里还必须重复的东
西,因为正像西班牙的谚语所说的,"不想去听的人才是最聋的",
这就是假如理性是一种专门为形而上学而设计的能力,这种能力
提供了认识的物质内容并能够揭示出一切超越于可能经验的东
西,那么就像在各种数学问题上一样,在人们关于形而上学和宗教
的各种问题之间就必然有共同的意见一致在起决定作用,——因
为形而上学和宗教是一回事情,——而那些持根本不同观点的人
就会被简单地当成是他们的精神不太正常。但是,完全相反的情
形却出现了,因为人们还没有一个问题能像这些问题那样完全的

不一致。自从人们一开始思维，就到处充满了彼此互相对立和冲突的哲学体系；事实上，这些哲学体系经常是彼此截然相反的。自从人们一开始信仰（这还要早一些），各种宗教就用火和剑，就甩开除教籍和正统教规而彼此争斗着。不过在信仰极为狂热的时期，等待着每一个异教徒的，并不是精神病的收容所，而是宗教法庭，以及它的全部刑具。因此在这里，经验再一次地同认为理性是一种直接的形而上学的能力，或者明确地说，是一种来自上述的启示的能力这种错误主张直接而明显地相矛盾。的确，早就应当对这样的理性做出严厉的判决了，因为说起来可怕，一个如此蹩脚、如此显而易见的谬误在半个世纪之后还在德国到处兜售，年复一年地从教授的讲台来到了学生的课桌，又从课桌来到讲台，并且甚至在法国也已经实际上找到了一些愿意相信它的蠢货，也带着它在这个国家中到处叫卖。然而在这里，法国的健全的人类理智将很快就会把超验的理性打发走的。

但是，这种谬误又是首先从哪里产生的呢？这种虚构又是怎样第一次问世的？我不得不承认它首先是出自康德的实践理性及其无上的命令。因为只要这个实践理性一旦被承认，那么就像无上的理论理性一样，进一步需要的，不过就是作为它的副本，或者说孪生姊妹的次要的补充，也就是一个把形而上学的真理宣布为女巫所预言的三脚架的理性。参阅一下我的《伦理学的两个基本问题》①，在其中，我叙述了这一发明的辉煌成就。虽然我承认是

---

① 叔本华：《伦理学的两个基本问题》，德文第 1 版，第 148 页以下。（第 2 版，第 146 页以下。）

康德首先提出了这个错误的假设，然而我必须补充说，那些想要跳舞的人是不会总也找不到吹奏人的。这的确就好像是人类身上的一种恶习，使得他们出于因一切腐败和邪恶而引起的共鸣，宁愿标榜和崇敬这位杰出人物的著作中那些次要的部分，更不用说那些明显的缺陷，而那些真正可敬的部分却被当作纯粹的小玩意儿而受冷落。在我们今天，已经很少有人了解康德哲学的特别深刻和真正伟大之所在；因为既然他的著作不再被人研究，也就必然不再被人理解。事实上，那些误认为哲学从康德以来已经向前推进，而不是刚刚开始的人，出于历史的目的，才草率地浏览了一下康德的著作。因此我们马上发现，尽管他们都在谈论着康德哲学，但是这些人所了解的不过是一些凤毛麟角，以及纯粹的外表，而且如果他们偶尔在这里或那里抓住了一句离谱的言论或者拿出来一份康德哲学的粗糙的梗概，他们也绝不会深入了解其含义和精神的深刻。主要吸引这种人的，首先是康德哲学中的二律背反，因为这些东西很古怪，而更加吸引他们的，是康德的实践理性及其无上的命令，甚至还有被康德放在这之上的道德理论，尽管康德对这种道德理论绝不怀有真心实意；一个仅仅具有实践根据的理论教条，恰如我们让小孩子玩的不用担心出危险的木头枪：确切地说，它同"洗洗我的皮肤，却不要打湿它"属于同一个范畴。对于无上的命令，康德从未主张过它是一个事实，相反，他一再反对这样做，他只是把它作为思维的一种极为奇妙的组合的结果来看待，因为他为了道德需要有一个最后的支撑物。然而我们的哲学教授，却从不探究事情的原委，这就使得似乎在我之前还没有任何人曾对这个问题做过彻底的研究。他们反而急急忙忙地把无上的命令作为一个牢固建立的事实来为它博取信誉,用他们纯正的用语称它为"道德律"——顺便说一句,这总使我想起了比格尔(Bürger)的"Mamsell laregle";说实在的,他们从这里为他们造出了一个就像摩西的训诫一样宏伟的东西,并完全取而代之。在我的《论道德的基础》这篇论文中,我把同一个实践理性及其无上的命令置于解剖刀下面,并且如此明确地最终证明了它们从来不具有任何生命或者真理,我希望有人能够提出理由来反驳我,从而真正地帮助无上的命令重新站住脚。同时,这也不使我们的哲学教授们感到难堪。作为一种使他们的伦理学得以建立的随心所欲的"显灵",他们就像不能没有自由意志一样,也不能没有"实践理性的道德律",这两者都是他们那种老太婆哲学中的基本点。既然对于他们来说,这两者的继续存在,就像是已经亡故了的君主,出于政治上的理由,有时也可以在死后继续统治几天一样,那么不论我是否已经使这两者寿终正寝,都是没有多大关系的。这些大人物简单地运用老一套来反对我对这两个过时的编造的无情打击:沉默,沉默;于是他们就不声不响地溜走,假装不知道,好让公众相信我以及和我一样的人是不值一提的。诚然,他们的哲学的感召是来自于官府,而我的则是来自于自然。确实,我们也许最终会发现这些英雄们所奉行的原则恰如那种想入非非的鸵鸟,以为闭上自己的眼睛就能摆脱猎人。是的,我们必须等待;如果公众在这期间沉溺于无聊的废话和难以忍受的讨厌的啰嗦,醉心于"绝对"的任意的构造,以及这些绅士们用来哄小孩子的道德——就是说,直到我死了,他们才按照自己的意图去点缀一下我的著作——那就等着瞧吧。

即使在今天

邪恶依然畅行无阻，

那也不必担心，

正义在明天，

将受人拥戴。①

　　但是这些绅士们可曾知道，今天是什么时代了？一个早就在预料之中的时代已经来临了；教堂正在摇晃，而且已经摇晃到这种地步，就连是否能恢复自己的重心已成了问题；因为信仰已被抛弃。启蒙的光芒，就像其他的光芒一样，需要有一定程度的黑暗作为必不可少的条件。那种由于具备一定程度和范围的知识而不愿去信仰的人，已经为数众多了。关于这一点，我们可以从一种肤浅的唯理论的普遍传播，找出明显的迹象，这种唯理论正日益显露出它狰狞的面目。它默然地开始了估量基督教深奥的神学的工作，在这方面它郁郁沉思了数百年，并同布贩子用的旧制尺争执不下，而且自以为是绝顶高明的。然而，被这些头脑简单的唯理论者当作笑料专门挑出来的却是基督教的真正精华，是原罪的教旨，这恰恰是因为在他们看来，再清楚和肯定不过的是，这种原罪的存在应当是从我们每个人生下来时才开始的：因此，也就再没有比我们一来到世界上就已经担上了罪孽更不可能的了。多么敏锐！就好像是趁着大家懦弱和疏忽的时候，狼群光临了村庄，于是在这种情况下，早就埋伏在那里的唯物主义，便昂起头来，与它的伙伴，有时也

_____

①　歌德：《东西诗集》，第97页。

称作人道主义的兽道主义手挽着手大出风头。我们的求知欲随着我们不再信仰而膨胀了。全部理智的发展已经达到了沸腾的程度,在这里,一切信条,一切启示,一切权威都烟消云散,人在这里要求自己做出判断的权利;一种不仅要受教育,而且也要被信任的权利。在幼年时牵引人的绳索已经松开,从此他要求独自地行走。然而他对形而上学的渴求,就像对任何物理学的要求一样并未消失。于是,这种对于哲学的渴求变得严肃认真起来,并且人类寄希望于那些从自己的队伍中涌现出来的所有真正的思想家的精神。这样,空洞的夸夸其谈和被阉割了的理智的懦弱努力也就不够了;人们体会到需要一种严肃认真的哲学,这种哲学的心目中除了学费和薪水,还有其他的目标,因此它不在乎是阁员还是议员认可了它,也不在乎它是否服务于这样或那样宗教派别的目的;相反,这种哲学清楚地表明,在它的心目中,有着与那种为了精神贫乏的人的谋生哲学非常不同的使命。

现在回到我的理论上来,借助于一种只需冒一点儿风险的扩充,一个**理论的**神谕就被加到了**实践的**神谕上面,后者曾被康德错误地赋以理性。这种发明的荣誉无疑要归功于 F. H. 耶可比,从他那里,职业的哲学家们兴高采烈而又感激涕零地收到了十分宝贵的礼物,以帮助他们摆脱被康德逼入的困境。被康德如此无情地批判过的那个沉着、冷静、周密的理性,从此被降格为**知性**,并且通过这个名称而被认识;而理性则假定要去表示一种完全在想象中的、虚构的能力,似乎是让我们通过一个小小的窗子,去眺望那世外的,不,超自然的世界,一切现成的早已准备好了的真理都由此而提供给我们,而那种旧式的、诚实的、反思的理性则长时期地就为此而徒劳地争论着。近五十年来，德国的伪哲学正是在这种纯粹幻想的产物上，这样一种完全虚构的理性基础上建立起来的，首先，是作为绝对的"自我"任意的构造和设计，以及从这个"自我"中生出来的东西"非我"；其次，是对于绝对同一性或漠不相干性的理智直观，及其向自然的展开；再次，从最遥远的根据或无根据，从黑暗的深渊或雅可布·波墨式的无底深渊中产生的上帝；最后，是纯粹的自我意识、绝对理念、概念自我运动的芭蕾舞场面——然而同时，它也总是作为对于神、超感觉的东西、神性、真实性、完美性以及种种其他可以想到的"性"的直接把握，或者甚至作为对所有这些奇迹的一种朦胧的预感。① ——理性就是这样，不是吗？否，这简直是一出笑剧，我们这些只是为康德的严厉批判而困惑的哲学教授，为了把他们国家的法定宗教的课题应付过去，就设法利用这出笑剧作为哲学的答案，不管对还是不对。

　　对于全部教授式的哲学来说，首要的义务就是必须确立一个无可怀疑的教条，并且为它提供一个哲学的基础，这个教条就是存在着一个上帝、造物主和宇宙的统治者，一个被赋予知性和意志的人格的，因而也就是单个人的存在，她从虚无中创造出了世界，并且用她那崇高的智慧力量和仁慈统治这个世界。然而，这种义务却使我们的哲学教授在严肃认真的哲学上陷入了困境。因为出了一个康德，他在六十多年前写出了《纯粹理性批判》，结果是，在基督教时期提出的所有那些关于上帝存在的证明，这些证明又可以归结为仅有三个可能的证明，都没有能够如愿以偿。而且，任何这样一种证明

----

　　① 即前面所说的没有"d"的"Ahndung"。

的不可能性,以及一切思辨神学的不可能性,已经详细地以先验的方式,而不是用空洞的夸夸其谈或正时髦着的黑格尔的晦涩语言所表明了。黑格尔的晦涩语言可以随心所欲地到处乱用,但严格而坦率地讲,却是十足的老一套;因此,不论康德的东西多么不合众人的口味,但近六十年来,却没有能够提出任何有力的反驳去回答它,结果关于上帝存在的证明也就名誉扫地,不再有人问津了。我们的哲学教授甚至开始看不起它们并给它们以决定性的蔑视,就像那些要对不言自明的东西加以证明的企图一样滑稽而多余。哈!真可惜,这一点竟没有早一些被发现!在漫长的岁月中为探索这些证明费尽了多少心机,而对康德来说,拿出《纯粹理性批判》的全部重量来压碎它们却是多么地不在话下!人们一定会由此而想起狐狸对酸葡萄的轻蔑。而那些希望看一下这种轻蔑的样本的人,将会在谢林的《哲学著作集》的第1卷,1809年版第152页上找到非常有特色的典型。于是,当其他人正在用康德的主张来安慰自己,要想证明上帝的不存在,就像证明它的存在一样不可能,——的确,宛如老戏子不知道要证明的正是提出论断的依据——耶可比用令人钦佩的发明来挽救了我们这些狼狈的教授,他向本世纪的德国学者奉送了一种以前从不知道或从未听说过的理性。

　　然而,所有这些诡计都是完全不必要的。因为证明上帝存在的不可能性绝不会妨碍它的存在,因为这种存在是植根于一个牢固得多的基础上的坚不可摧的堡垒之中。的确,这是一个关于启示的问题,而且这是再确实不过的了,因为在这时,这种启示只能赐予单个的人,这种单个的人由此而被称为上帝的选民。事实表明,我们只能在犹太教以及来自于犹太教的并因而在广义上可以称作犹太教分支的两种信仰中，才能发现作为世界的人格的统治者和造物主的上帝的观念，这个上帝作为至善而支配万物。我们在其他任何宗教中，不论是古代的还是现代的，都找不到这种观念的迹象。确实，也没有人会梦想把这个造物主、上帝、全能者，同印度的"梵"(Brahm)相混同，这个"梵"在我、在你、在我的马、在你的狗中活着，——更不会把她同"梵天"混为一谈，"梵天"的生和死都为其他的"梵天"开辟了道路，而且还承担着罪过和罪恶的世界的后果[1]，——至少也不会把她同罗马受骗的农神骄奢淫逸的儿子相混同，向他挑战的普罗米修斯曾预言了他的垮台。但是如果我们最终把注意力转向有着极其大量信徒的宗教，因而在这一方面堪称是名列前茅的宗教——也就是佛教，就再也不能对它显然无疑地是无神论的这一事实视而不见了，就像它显然无疑地是唯心主义和禁欲主义的一样；而且这一点甚至已经达到了这种程度，每当佛教的高级僧侣在提到自己的看法时，都对纯粹有神论的教义表示了极大的厌恶。因此，在一份由阿瓦的高级僧侣交给天主教主教的文件中写道，关于"存有一个创造世界和万物的存在，她是唯一值得崇拜的"[2]这种说教被看成属于六个可诅咒的异端一类的东西。[3] 这一点得到了 I. J. 施密特(Schmidt)的完全证实，

---

①　如果梵天受命于不停地创造人间事物，……那么下面等级的存在怎么能够获得安宁呢？《觉月初华》，见泰勒(J. Taylor)译本的第 23 页。——Brahma 作为生殖、存活和死去，也是三位一体的一部分，是自然的人格化：也就是说，他体现了创造、保护和毁灭这三个中的第一个。

②　见《亚洲研究》，第 6 卷，第 68 页；以及桑格曼诺的《缅甸王国》，第 81 页。

③　见 I. J. 施密特：《中亚古文化史研究》，圣彼得堡，1824 年，第 276 页。

他是一位最杰出和最博学的权威，我认为他无疑是所有欧洲**学者**中最精通佛教的人，他在他的著作《论诺斯替教学说与佛教的联系》中说道（第9页）："在佛教士的著作中，找不到任何可以肯定地表示出作为创造原则的最高存在的迹象。每当这个题目在论证过程中顺理成章地出现时，说实在的，它又好像是故意要逃走似的。"又在他的《中亚古文化史研究》第180页里说，"佛教的体系不知道有什么永恒的、不能被创造的、独一无二的存在，不知道有这种在时间之前就已经存在并且创造了一切可见的和不可见的事物的存在。这种观念对于佛教是十分陌生的，在佛教徒的著作中，一个这样的迹象也找不到。并且我们发现也几乎没有提到造物主。的确，可见的世界不能没有开端，但它是按照永恒的、不可改变的自然规律从虚空中**产生**的。然而，假如我们设想被称为命运或自然的任何东西被佛教徒认作是或崇敬为神的原则，那么我们就要犯错误；相反，正是这个虚空的空间的真正发展，这个由这种发展而产生的凝聚，或者这种无限的分割，这种如此而产生的物质，构成了宇宙在其内部和外部关系中的罪恶，从这里**产生**出了由同一种罪恶所确立的不可改变的规律的不间断的变化。"他还说①，"佛教对于**创造**的表述是十分陌生的，它只知道宇宙进化论"，又说（第27页），"我们必须懂得，没有一个关于神的起源的创造观念能同他们的体系相适合。"我可以列举一百个这样证据确凿的段落；但是我将把自己限制在再引证一段上，我所以要引用这一段是因为它具有通俗的和官方的特征。在一本很有教益的佛教著作，《大王

---

① I.J.施密特：《在圣彼得堡科学院的讲演》，第26页，1830年9月15日。

统史》①的第三卷中记载，大约在 1776 年，锡兰的荷兰人总督请教一个译文，五座主要寺庙的高级僧侣都分别相继为之所难。非常有趣的是可以看到在谈话者之间的鲜明对比，他们想要了解彼此的意见是极为困难的。这些僧侣们，遵照他们所信奉的教义，对一切生灵都怀有深切的热爱和怜悯，甚至对荷兰的总督也不例外，不遗余力地想用回答来满足他。但是，这些僧侣们朴实而天真的无神论，他们甚至达到实行禁欲的地步的虔诚，却立刻与总督从小就被灌输的、植根于犹太教的深切信念发生了冲突。对于总督来说，这种信仰成了他的第二天性；他甚至一点也不了解这些教士不是有神论者，所以他翻来覆去地追问最高的存在，问他们是谁创造了世界，如此等等。于是他们便回答说，不能再有比胜利者、圆满者释迦牟尼佛更高的存在了，他虽然也是一个国王生的儿子，却为了人类的赎罪，为了把我们从永劫的轮回转世这种痛苦中解救出来，而自愿过着乞丐的生活，并始终不渝地传布他那崇高的教义。他们主张，世界不是由任何人创造出来的②，它是自我创造的，是大自然把它展开了，又把它收了回去；但这是存在着的事物的不存在：这是转世的必然伴随物，而转世则是我们罪恶品行的结果，等等。我所以要提出这些事实，是由于德国的**学者们**还在普遍坚持的那种实在是令人反感的做法，甚至直到今天，他们还把宗教和有神论看成是一回事和同义语，然而事实上，宗教对有神论的关系就像属对单个的种一样，并且只有犹太教才同有神论是一回事。正是由

---

①　根据僧加罗译文，E. 乌普汉姆（Upham）译，伦敦，1833 年。

②　赫拉克利特说，这个世界既不是上帝，也不是个人创造的。见普鲁塔：《灵魂的产生》，第 5 章。

于这个原因,我们才把所有既不是犹太教徒、基督教徒,也不是穆罕默德教徒的民族污蔑为异教徒。基督教徒甚至也由于他们三位一体的教义而被犹太教徒和穆罕默德教徒斥之为是对一神论的亵渎。因为不论怎样反驳,基督教在自己的血管中总是有着印度人的血,因而它一次又一次地想要使自己摆脱犹太教。《纯粹理性批判》曾对有神论发起了最严厉的攻击——这就是我们的哲学教授为什么如此着急要反驳康德的原因;但是假如这部著作出现在任何一个佛教流行的国度中,它就会简单地被认为是一部启蒙作,它要用正统的唯心主义学说,即世界就像它呈现给我们的感官那样仅仅是表面上的存在的学说中的有益证据,去更加彻底地批驳异教邪说。甚至在中国与佛教共存的另外两个宗教——即道教和孔子的儒教——也正像佛教本身一样是无神论的;所以传教士们一直也没有能够把《旧约全书》前五卷的诗体文翻译成中文,因为在中文中没有同"上帝"和"创世"相对应的词汇。甚至古茨拉夫(Gützlaff)神甫,在他的《中华帝国史》的第 18 页中也坦白地承认:"非常奇怪的是没有一个(中国的)哲学家曾经在认识造物主和宇宙之主的境界中自由翱翔,尽管他们充分地掌握了自然之光。"J. F. 大卫(Davis)也从米尔恩(Milne)为他《西域记》的译本而写的序言中,引用了一段与这十分一致的话,其中谈到这本书时,他说,我们由此可见,"那被称作纯粹是'自然之光'的东西,即使有了全部异端哲学的见解的帮助,也完全不能使人去认识和崇拜真正的上帝。"所有这些都证明了启示是使有神论得以建立的唯一基础这一事实;确实,它必须是如此,否则启示就会是多余的。这是一个很好的机会,使我们看到无神论这个词本身,包含有一个秘密的假定,因为它把有神论看成当然不言而喻的。更为可靠的说法应当是"非犹太教"而不是"无神论"，应当是"非犹太教徒"而不是"无神论者"。

根据以上所述，由于上帝的存在属于启示，是通过启示而牢固地确立起来的，因此它不需要任何一种人类的确证。然而，严格地讲，哲学让理性——即人类的思维、反思和沉思的能力——暂时独自地试一试自己的力量，就像一个小孩子独身地在草地上跑着，并且不借助于婴儿带去试一试自己的力气，以看看自己到底能达到什么地方一样，哲学的这种做法，只是一个无用而多余的尝试。这种试验或实验我们称之为思辨，并且它的性质就在于应当把一切权威、人性或神性置之度外，不予理睬，并且走自己的路，去寻求最崇高、最重要的真理。这样，如果思辨在这个基础上，达到了康德所曾经达到的如上所述的完全同样的结果，它也没有权利因此而将一切诚实和良心立即全部抛弃，并走上偏僻的小路，以便设法重又回到作为它的必不可少的条件的犹太教领地，倒不如说它应当立刻通过可能在它面前出现的任何大道，去真诚而坦白地去寻求真理，只是决不允许理性之外的任何灵光来指引它：这样平静而又充满信心地前进，就像一个人在履行着自己的使命，而不管这条路会通向哪里。

如果我们的哲学教授对这件事提出异议，并认为要是他们不能让上帝回到自己的宝座，——好像上帝的确需要他们似的，他们是不能荣幸地吃下他们的面包的，那么这就已经说明我的作品是不合他们的口味的，并且也说明了为什么我跟他们不是一伙；因为我实在写不出像这样的文章，我也不像他们那样，在每一次莱比锡博览会上都有什么关于"全能上帝"的最新报告要去发布。

第六章　论主体对象的第三个层次，以及在其中居支配地位的充足理由律形式

§35　对于这一层次对象的说明

这是完整的表象的形式部分，——也就是说，这是先验地赋予我们的对于内部和外部感觉的直觉，即对于空间和时间的直觉——它构成了我们表象能力的第三个层次对象。

作为纯粹的直觉，这些形式本身就是表象能力的对象，并且不涉及那些完整的表象，也不涉及这些对象最初加在这些形式上的关于虚空或充实的规定；因为纯粹的点和纯粹的线不能提供感性的知觉，而只能是先验的直觉，就像空间和时间的无限延伸和无限分割唯独是纯粹直觉的对象，而对经验的知觉则是陌生的一样。在表象的第三个层次中，空间和时间是纯粹的直觉，在表象的第一个层次中，空间和时间是感性的（而且是结合的）知觉，而把这第一个层次和第三个层次区别开来的，则是物质，因此我一方面把物质规定为对空间和时间的可知觉性，另一方面又把它规定为客观化了的因果关系。

相反，属于知性的因果关系形式，在同我们认识中物质的东西

发生联系以前，本身不是我们表象能力的一个单独的对象，而且我们也没有意识到它是一个对象。

§36　存在的充足理由律

空间和时间的特性就在于它们的一切部分都处于相互的关系之中，这样，它们的每一个部分都是另一个部分的条件并且又以另一个部分为条件。我们把在空间中的这种关系，称为**位置**；而把在时间中的这种关系，称为**连续**。这些关系颇为特别，完全不同于我们表象的一切其他可能的关系；因此，无论是知性还是理性都不能借助于单纯的概念去把握它们，而是唯独纯粹先验的直觉才使它们被我们理解，因为要想通过单纯的概念去解释清楚上和下、左和右、前和后、以前和以后的含义是不可能的。康德正确地证实了这一点，他主张要想区分出我们右手和左手的手套，除了直觉，别无任何其他方法。这样，与这些关系（位置和连续）相关的使时间和空间的各个部分彼此互相决定的规律，就是我所谓的存在的充足理由律。我在第15节中，曾举过一个关于这种关系的例子，通过一个三角形各边及各角间的联系，我用它表明，这种关系不仅与原因和结果间的关系十分不同，而且也与认识的理由和结论间的关系十分不同；所以这里的条件可以称为**存在的理由**。当然，对这种存在的理由之透彻理解是可以变为认识的理由的：正如透彻理解因果规律及其在特殊场合的应用，是关于结果的认识的理由一样；但这又绝不是要取消存在的理由、生成的理由与认识的理由之间的完全不同。一件事物往往是这样的，即按照我们的充足理由律的**一个形式**是一个**后果**,而依照另一个形式则是**理由**。例如,在温度计中水银柱的上升,依照因果规律是热的增加的后果,而依照认识的充足理由律则是理由,是认识的依据,是热的增加的依据,并且也是使这一事实被断定的判断依据。

§37 空间中的存在的理由

相对于任何其他位置,空间的每一个部分的位置,比如说任何一条已知的线的位置——这同样适用于各种面、立体和点,——绝对地决定着它本身参照于任何可能的线的完全不同的位置;这样,就使得前者的位置与后者的位置处于后果与它的理由的关系之中了。由于相对于其他任何一条可能的线的这条已知线的位置,同样也就决定了它相对于其他一切可能的线的位置,并且因而最初两条线的位置本身也是由其他一切线的位置所决定的,所以,在我们看来,首先被其他位置所决定并且可决定其他位置的东西,也就是使我们把其特定的位置看作 ratio(理由),而把其他位置看作 rationata(有理由的)东西。其所以如此,是因为在空间中并无连续可言;共存的表象的产生,恰恰是借助于把空间和时间结合起来而形成的经验复合的集合表象。这样,一种类似于所谓相互作用的东西使在空间中存在理由的每一个地方都居主导地位,它正如我们将在第 48 节中所看到的,在那里,我将更为充分地探讨理由的相互作用。这样,正是由于每一条线都是由其他所有的线所决定的,同时每一条线决定着其他所有的线,因此,把任何一条线仅仅看作是决定其他线的而不看作是被其他线决定的,这种作法是武断的;而且,每一个相对于其他任何位置的位置,都包含关于它本身参照于另一条线的位置的问题,它的位置必然地为这另一条线的位置所决定并且由此而成为其所是的东西。因此,要想在存在的理由的链条中的一系列环节中找到一个在先的终端,这就像要在生成的理由的链条中找到它一样不可能,而且,我们也不能够找到一个后面的终端,这是由于空间的无限性以及空间中可能的线条的无限性的缘故。一切可能的相对的空间都是图形,因为它们是有限的;所有这些图形在互相之中都有着它们存在的理由,因为它们是彼此具有共同的边的。因此,就像理由的系列一样,空间中的生成的理由系列也是无限地延伸的;而且并不是像理由的系列那样是朝着一个单一的方向,而是朝着一切方向。

上述这些东西都是不能证明的;因为这些原则的真理是超验的,它们直接建立在我们对空间的先验的直觉上面。

§38 时间中的存在的理由、算术

在时间中的每一时刻,都以先前的时刻为条件。存在的充足理由作为结果的规律,在这里是如此的简单,因为时间是仅仅一维的,所以它不包含有多种关系的复杂性。每一个时刻都以前面的时刻为条件,我们只能经过前面的时刻而达到它:只有就前面的时刻**成为过去**并且已经消逝来说,现在的时刻才能存在。一切计算都是以这种时间的划分关系为基础,数目只是用来表示在连续中的单个的梯级;因此,一切算术也都同样以这种关系为基础,算术除了教会我们对计算进行有条理的节略外,再没有告诉我们别的什么。每一个数目都事先假定了它前面的数目为其存在的理由：我们要达到 10 这个数目，必须经过 10 以前的一切数目，并且只有借助这种透彻理解我才得知，哪里有 10，哪里就有 8、6、4。

§39　几何学

整个几何学同样是以空间划分的位置联系为基础的。因此它将是对这种关系的透彻理解；只是正如我们已经说过的，这种透彻理解借助于单纯的概念，或者实际上借助于除直觉以外的任何一种方式是不可能的，这样就会使每一个几何学命题都被还原为感性的直觉，而证明也就会不过是在于要把问题中的特殊的关系变得明确；此外别无其他事情可做。然而我们发现，关于几何学确有着十分不同的看法。只有欧几里得的十二条公理被看作是以纯粹的直觉为基础；但严格说来甚至只有其中的第九、第十一和第十二条被承认是基于各个不同的直觉之上，而其余的则是以一种科学的认识为基础的；这种认识与经验的认识不同，在其中我们并不涉及一个一个真实存在的事物本身，以及种类繁多的感性材料，而是相反，我们在其中涉及的是概念，在数学中涉及的则是各种**规范的直觉**，即各种图形和数目，它们的规则对一切经验都具有约束力，因此它也就把概念的综合性同单个表象的完整确定性结合在一起。虽然作为直觉的表象，它们是彻底地由完全的精确性所决定的，——这种方式，没有给任何其余的未被确定的事物留下余地——然而这些直觉的表象都是普遍的，因为它们是一切现象的单纯的形式，并且由此而适用于这些形式所从属的一切真实对象。

因此,甚至在几何学中,柏拉图就他的理念所做的论述,对这些规范的直觉也是有效的,正如对概念也同样是有效的一样,这就是:两个事物不能够完全地相同,不然它们就会是一个事物①。我认为这句话可以运用于几何学中的规范的直觉,如果不是这样的话,作为单独的**空间**对象,它们之间就将是在单纯的**并列**中,也就是在**地点**上彼此相互区别。正如亚里士多德告诉我们的,柏拉图早就注意到了这一点:"他说,此外,除了感性事物和理念,在这两者之间还存在着数学的东西。这些东西既不同于感性的事物,因为它们是永恒的和不动的;也不同于理念,因为它们中有许多是彼此相同的,而理念则是绝对唯一的。"②这样,地点的差异并不取消同一性的基础这种单纯的认识,在我看来是完全可以取代其他九条公理的,并且我认为,它将更为适合于目的是要通过一般来达到特殊的认识的科学性质,而不太适合全都以同一个透彻理解为基础的,九条彼此分立的公理的论述。并且,亚里士多德所说的"在这里,是相等性构成了统一性"③也就能够运用于几何学图形了。

但是对于时间中的规范的直觉,也就是对于数目,却就连这种并列的特性也不复存在。在这里,就像对于概念一样,除了不同事物的同一性以外绝对没有留下任何东西:由于在这里只有一个 5

---

①　总而言之,柏拉图的理念可以归结为规范的直观,在完整的表象中,它不仅对形式的东西有效,而且也对物质的东西有效——因而,它是作为这样一种完整的表象,在同时理解许多事物的时候,就会始终像概念一样而被决定:这就是说,是作为概念的体现,但这种完整的表象,是很适合我在第 28 节所阐明的那些概念的。

②　亚里士多德:《形而上学》,第 1 卷,第 6 章,并参照第 10 卷,第 1 章。

③　同上书,第 10 卷,第 3 章。

和一个 7，并且在这里，我们可能也会找出为什么 7＋5＝12 是一个先验的综合命题的理由，就像康德所深刻地揭示的，它是建立于直觉的基础之上的，而不像赫尔德在他的《形而上学批判》中所说的是一个同一性命题。12＝12 才是一个同一性命题。

因此，在几何学中，只有在处理公理时我们才求助于直觉。此外的一切定理都是被证明的：这就是说，只要认识的理由被给予了，每个人就必然会承认这种理由的真理性。定理的逻辑真理性就是这样地被表明的，但这不是定理的超验的真理性（见第五章第30—32 节），超验的真理性由于植根于**存在的**理由而不是置身于**认识的**理由，所以不借助于直觉就不可能变得清楚明白。这就说明了为什么这种几何学的证明虽然无疑传达了对被已经证明为真的定理的确信，然而却没有提供任何对它所断言的东西**为什么**如此的透彻理解。换句话说，我们并没有发现这种证明存在的理由，但又总是满怀着找出这种理由的渴望。由于借助指明认识的理由的证明只能导致确信而不能导致认识，因此也许把这种证明叫作"反证"要比叫作"证明"更为正确一些。因此这也就是为什么在绝大多数场合，这种证明被领会之后，它仍然留有由于缺乏完全的透彻理解而引起的那种不快的感觉；并且在这里，由于刚刚获得的确定性是这件事物**就是**如此，这就使得关于一件事物**为什么**如此的认识上的缺欠本身也就更为鲜明地被感觉到了。这种印象就像当一件东西莫名其妙地钻进或跑出我们的口袋，而我们却想象不出这是怎么回事时的那种感觉。在这类不具有存在的理由的证明中认识的理由的提供，很像某些描述了现象却没有能够指明其原因的物理学理论：例如莱登福洛斯特（Leidenfrost）的实验，因为它在白金坩埚中同样获得了成功;然而借助直觉所发现的几何学命题的存在的理由,就像我们获得的每一个认识一样,却引起了我们的满足。一旦存在的理由被发现了,我们就把我们对于定理的真理的确信单独地建立在这种理由的基础上,而不再把它建立在借助证明而提供给我们的认识的理由的基础上了。让我们以欧几里得的著作的第 1 卷中的第 6 条命题为例:——

"如果一个三角形的两个角相等,那么对应于或面对着这两个相等的角的两条边彼此相等。"(见图三)

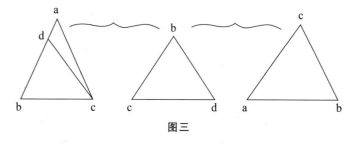

图三

欧几里得的证明如下:

"设 abc 为一个三角形,其中角 abc 与角 acb 相等,则边 ac 与边 ab 也就必定相等。

因为,如果边 ab 不等于边 ac,那么它们其中的一个就比另一个大。设边 ab 大于边 ac,并且从 ba 截下相等于 ca 的 bd,然后作线 dc。那么,在三角形 dbc 和 abc 中,因为 db 等于 ac,并且 bc 是两个三角形的公共边,db 和 bc 两条边与 ac 和 cb 两条边彼此全部相等,并且角 dbc 等于角 acb,因此底边 dc 与底边 ab 相等,并且三角形 dbc 相等于三角形 abc,较小的三角形等于较大的三角形——这是悖理的。因此 ab 不能不等于 ac,也就是说,ab 只能等于 ac。"

　　这样，我们从这个证明中，得到了关于该命题的真理的认识的理由。但是有谁把他对于这个几何学真理的确信建立在这个证明的基础上呢？难道我们不正是根据我们直觉地得知的存在的理由而建立起自己的确信吗？按照这种存在的理由（根据一种不容许有进一步的证明，而只容许有通过直觉的证据的必然性），由另一条线的两个端点所引出的两条直线，并且这两条线是按照相等的斜度彼此互相倾斜，它们就只能在离这两个端点相等的地方相交；因为这两个新出现的角严格说来只是一个，是互反的位置使它呈现为两个；因此，这两条线将在一个比另一个距离端点更近的地方相交，是毫无道理的。

　　正是通过存在的理由的认识我们才看到了根据自身的条件而来的该条件的必然后果——在这个例子中，边的相等是根据角的相等——就是说，它表明了条件与后果的联系；而认识的理由则只是表示了它们的共存。而且，我们甚至可以主张，通常的证明方式仅仅是在作为一个例证而提供给我们的现实的图形中，才使我们确信它们的共存，但是这绝不是说它们永远是共存的；这是因为必然的联系并未被表明，而我们所得到的对这种真理确信是建立在推论之上，并且也是基于我们发现在我们制作的每一个图形中，它都是如此这般的事实上面，存在的理由在所有场合，都的确不像它在欧几里得的第6条定理这种简单的定理中那样显而易见，而且命题也总是可以归结为某个这种简单的直觉。此外，正如我们都先验地意识到了每一个变化的原因的必然性一样，我们也都先验地意识到了空间关系中的这种存在的理由的必然性，当然，在复杂的定理中，要表明这种存在的理由是十分困难的，而且我也不打算在这里探讨困难的几何学问题。所以,为了使我的意思更为清楚一点,现在我想回顾一下一个不十分复杂的命题的存在的理由,不过在这个命题中的存在的理由也不直接就是显而易见的。略过那些中间的定理,我选择了第 16 条:

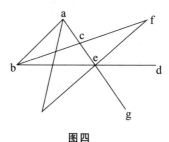

图四

"在每一个有一条边延伸出来了的三角形中,它的外角大于任何一个内部的对角"。

关于这一点,欧几里得是以如下的方式证明的(见图四):

设 abc 为一个三角形,并将边 bc 引出至 d,则外角 acd 将大于内对角 bac 或者 cba。将边 ac 二等分于 e,并作线 be,将 be 引出至 f,使 ef 等于 eb,作线 fc。将 ac 引出至 g。由于 ae 等于 ec,并且 be 等于 ef,所以 ae 和 eb 两条边分别与边 ce 和边 ef 相等,并且角 aeb 和角 cef 相等,因为它们是对顶角;因此,底边 ab 便与底边 cf 相等,并且三角形 aeb 与三角形 cef 相等,并且一个三角形余下的两个角就分别与另一个三角形余下的两个角相等,而与之相对的是两条相等的边;因此,角 bae 与角 ecf 相等,但是角 ecd 大于角 ecf。所以角 acd 大于角 bae。

"按照同样的方式,如果边 bc 被等分为二,并且将边 ac 引出至 g,就可以证明,角 bcg,就是说对顶角 acd 大于角 abc"。

我关于这个命题的证明将如以下(见图五):

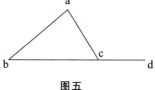

图五

因为如果角 bac 即使与角 acd

相等,更不用说大于角 acd,那么相对于 ca 的线 ba 就将处于与 bd 相同的方向。(这恰恰就是所谓两角相等的意思。)也就是说,ba 必定与 bd 平行,也即是说边 ba 与边 bd 绝对不会相交,但是为了构成一个三角形,ba 就必须与 bd 相交(存在的理由),而这样做就又必定与角 bac 和角 acd 大小相同的要求相反。

因为角 abc 即使等于角 acd,更不用说大于角 acd,那么线 ba 就必定处在与 ac 的同一个方向上而指向 bd(因为,这就是所谓两角相等的意思),也就是说,线 ba 就必定与线 ac 平行,也即所谓 ba 同 ac 必定不能相交,但是要构成一个三角形,ba 就必须同 ac 相交,并且这样做就必定与角 abc 和角 acd 大小相同的要求相反。

我并不想根据所有这一切而提出要引进一个新的数学证明方式,也不是要用我自己的证明去取代欧几里得的证明,这是由于它的整个性质并不适于用作这种证明,以及它要以平行线的概念为前提,而这在欧几里得那里,是出现得很晚的。我不过是要表明存在的理由究竟是什么,以及存在的理由与认识的理由的区别之所在,认识的理由只能导致确证,这与对存在的理由的透彻理解是一件完全不同的事情。事实是几何学只以导致确证为目的,并且正如我已经谈过的,它还留下了一种不快的印象,并没有提供任何对于存在的理由的透彻理解——这种透彻理解像一切知识一样,是令人满足和愉快的——这也许就是许多著名人物极不喜欢数学的原因之一。

图六

我不禁要再一次提及图

六，尽管在别的地方我已经例举过它；因为对这个没有文字的图形的透彻理解体现了毕达哥拉斯定理的真理，这比欧几里得那种让人上当的证明要令人信服十倍。

对这一章具有特殊兴趣的读者，可以在我的主要著作《作为意志和表象的世界》第 1 卷第 15 节，以及第 2 卷第 13 章中，找到对这个问题更为充分的论述。

第七章 论主体对象的第四个层次,以及在其中居支配地位的充足理由律形式

§40 概述

还有待考察的我们表象能力的对象的最后一个层次,是一个特殊的,然而又十分重要的层次。对每一个体来说,它只包含有**一个对象**:这也就是内感官的直接对象,是作为认识主体对象的**意志主体**;因此,它只是在时间中,而不是在空间中展示自己,我们还将看到,即使是在时间中,它也受到了重大的限制。

§41 认识的主体和对象

一切认识都以主体和对象为前提。因此,即使是自我意识也不是绝对单一的,而是像我们对其他一切事物的意识(即知觉的能力)一样,也要再进一步分为被认识到的东西和进行认识的东西。这样,被认识到的东西就绝对而完全地把自己作为**意志**而展示出来。

所以,主体是完全把自身作为**意志**,而不是作为**认识**来加以认识的。对于进行表象的**自我**来说,本身是不能再成为表象或对象

的，因为它作为使一切表象彼此必然地联系起来的东西而决定着一切表象，这里倒正好用上《奥义书》的一段优美文字来说明："你看不到它，而它却看到一切；你听不到它，而它却听到一切；你不了解它，而它却了解一切；你无法认识它，而它却认识一切。除了去看、去听、去了解、去认识，它什么也不是。"①

因此**认识的认识**是不存在的，因为这将意味着主体从认识中的分化，然而同时主体又认识到了这种认识——这是不可能的。

对于"我不仅认识，而且也认识到我在认识"这一反驳，我的回答是，"你认识到了你在认识与你在认识不过只是字面上的不同而已。'我认识我在认识'的意思不过就是'我认识'，并且，'我认识'除非得到了进一步的规定，它的意思也不过就是'**自我**'。如果你认识同你认识你在认识是两件不同的事物，那就请试一试把这两者分隔开，并且首先认识一下没有你在认识的认识，然后再去认识一下那种认识不到你同时也在认识的认识吧。"无疑，撇开所有那些并不值得考虑的**特殊**的认识，我们最终就达至"**自我**"的命题——这是我们最终能够做到的抽象；但这个命题又与"**对象为我而存在**"是同一回事，并且进一步说也与"**我是主体**"是同一回事，在其中，除了赤裸裸的一个字"我"，就再也没有其他什么了。

这样，我们仍然可以追问我们是怎样才知道各种从属于主体的认识能力的，诸如感性、知性和理性，如果我们不了解主体的话。我们并不是通过我们的认识变为我们的一个对象而认识到这些能力的，因为这样就将不会有关于这些能力的如此众多的互相冲突

---

① 《奥义书》，第 I 卷，第 202 页。

的判断；倒不如说这些认识能力是被推论出来的，或者说得更正确些，它们是被确立了的各个表象层次的一般表述，这些表象层次无论何时在这些认识能力中都或多或少已经被明确地区分了。但是，从作为这些表象的条件的表象之间的必然的相互联系的角度，也就是从主体的角度看，这些认识能力又是从它们（表象）中抽象出来的，因而对这些表象层次的关系，恰恰与一般的主体对一般的对象的关系相同。这样，正如对象注定同时要和主体连在一起（因为主体这个词除此之外就没有任何意义），并且反过来说，正如主体注定同时要和对象连在一起一样，于是一个东西作为主体恰恰就意味着它具有一个对象，并且一个东西作为对象，同说它是被主体所认识的东西是一回事。同样，当一个对象按照**任何一种特殊的方式**作为一种被确定的东西而假定下来时，我们也就是在假定主体恰恰是**按照同样的特殊方式进行认识**。因此到目前为止，不论我们说对象具有如此这般特殊的内在规定，还是说主体在如此这般的方式中进行认识，都是无所谓的。不论我们说对象被划分为这样和那样的一些层次，还是说这样和那样的认识能力是主体独有的，都是没有什么区别的。我们甚至在亚里士多德那种深刻与肤浅的独特结合中，也发现了对这一真理的精辟见解，并且在他的著作中，的确存在着批判哲学的萌芽。他说："从某种意义上说，灵魂就是一切。"[①]并说，"知性是各种形式的形式，感性是各种感觉对象的形式。"所以，不论我们说"感性和知性已不复存在"，还是说"世界已经到了末日"，都是一个意思。不论我们说"不存在

---

①　亚里士多德：《论灵魂》，第 3 卷，第 8 章。

有概念"，还是说"理性已经消失，唯有动物留下"，结果也是同一回事情。

　　唯物主义同唯心主义之间的争论，这在最近一个时期表现为古老的独断论同康德主义的争论，或者表现在以本体论和形而上学为一方，以超验的美学和超验的逻辑为另一方之间的争论，都产生于对这种关系的误解，并且这种误解是以对于我所确立的第一个和第三个表象层次的误解为基础的，这就像中世纪实在论和唯名论间的争论，是根源于对第二个表象层次的这种关系的误解一样。

§42　意志的主体

　　据前所述，我们是不能认识关于主体的认识的；主体也不能成为对象或者表象。然而，由于我们不仅具有一个外部（在感性知觉中）的自我认识，而且还有一个内部的自我认识；并且另一方面，由于每一种认识，就其本性来说，都假定了一个认识者和一个被认识者，所以在我们这里要被认识的东西，就不是认识者，而是意志者，是作为意志的主体：就是意志。在认识开始时，我们可以将"我认识"确定为一个分析的命题，而"我决定"则相反，它是一个综合的命题，更进一步说，它是一个后天的命题，就是说它是由经验提供的——在这种情况下，是由内部的经验（即仅存于时间中的经验）所提供的。因此从这个意义上讲，意志的主体是可以成为我们的对象的。内心的反省总是作为**意志**而呈现给我们。然而在这种**意志**中，存在着从最细微的希望到激情的为数不多的不同程度，并且我已经多次表明①,不仅我们的一切情感,而且甚至所有那些包括在广义的情感概念中的我们人类灵魂的活动,也都是意志的状态。

于是,意志主体与认识主体的同一性,借助这种同一性"我"这个词便包括并指明了意志主体和认识主体这两者,这实在是世上的一个大难题,而且迄今尚未说明。由于我们只能去理解对象之间的关系;但两个对象除非是作为整体的部分,绝不可能是一个东西。这样,一旦涉及了主体,我们用来认识对象的规则就不再适用了,而认识者同那作为意识的被认识者——也就是主体和对象——之间的同一性,就**立即产生了**。所以,谁要是清楚地认识到了要解释这种同一性是完全不可能的,谁就一定会赞同我把这种同一性称为绝对的奇迹。

正如知性是与我们第一表象层次相联系的主体,理性是与第二表象层次相联系的主体,纯粹的感性是同第三表象层次相联系的主体一样,我们发现同第四表象层次相关的主体就是内部感觉,或者说是一般的自我意识。

§43 意志·动机(目的因)的规律

正是由于意志的主体是在自我意识中直接地被给予的,所以我们不能够去进一步规定或者描述什么是意志;严格说来,意志是我们所具有的最直接的认识,而且这种认识的直接性最终必定使其他一切事实上是间接的认识得到阐明。

---

① 见《伦理学的两个基本问题》,德文版,第11页,以及其他一些地方。

对于我们使自己做出的每一个决断，或者对于我们看到别人做出的决断，我们总是相信自己是有根据去问一个"为什么"。这就是说，我们假定了必定有某个发生在先而导致了决断产生的东西，这个发生在先的东西就被我们称为做出决断的理由，或者说得更确切些，称之为由此而来的行动的动机。离开了这种理由或者动机，这种行动对于我们来说，就像无生命的物体没有被推拉就动起来了一样不可理解。因此，动机是属于原因的，并且作为因果规律的第三种形式，它的数目和特征在第 20 节中已经被规定了。但一切因果关系都只是对象的第一个层次中的充足理由律的形式：也就是说，是由外部知觉提供给我们的有形世界中的充足理由律形式。正是这种形式组成了把各个变化彼此连接起来的链条，原因就成了那种来自外部的、决定每一个事件发生的东西。而这些发生的事件的内在性质则相反，它对我们都仍旧是个谜：因为我们永远停留在事件的外部。我们的确看到了一个原因必然地引出了结果；但是我们却不能知道这个原因实际上是怎样造成了这个结果，或者说我们不知道在事件的内部究竟进行了些什么。因此我们看到了力学的、物理学的、化学的结果，以及那些由**刺激**而产生的结果，看到了这些结果都是来自于它们各自的原因，而没有对于上述过程的全面理解，这一过程的本质的部分对我们来说却依旧是个谜；于是我们便把它归因于物体的质，归因于自然力，归因于生命力，然而这些东西都完全是一些隐秘的质；至于我们对动物和人类的活动和行动的理解也不会有什么起色，因为这些活动和行动在我们看来也会似乎是以某种不可解释的方式由它们的原因动机所引起的；假如我们在这里获得的理解还不是对这个过程的内在部分的透彻理解的话，也就是说，假如我们还没有借助于我们自身的内部经验而认识到这是一种由动机所唤起的存在于纯粹的表象中的意志的行动的话。这样，由动机造成的结果就与由其他一切原因造成的结果不同，它不仅被我们从外部按照一种单纯间接的方法来认识，而且同时也被我们从内部，按照完全直接的方法，因而是按照它整个的行动方式来认识。我们就好像是站在舞台的后面，去领会使原因按它最内在的本性而生出结果的过程的秘密；因为在这里，我们是通过一种完全不同的途径，按一种完全不同的方式获得认识的。由此我们得出了一个重要的命题：**动机（动因）的行动**是从内部观察到的因果关系。因此在这里，因果关系是按照一种十分不同的方式，通过一种十分不同的媒介，并且是作为一种十分特殊的认识而把自己呈现出来；所以它现在必定是作为充足理由律的一种特殊的和专门的形式而展示自身，这种形式也就作为行动的充足理由律，或者更简单些说，作为**动机的规律（动因的规律）**而把自身呈现出来。

顺便说一下，作为我的哲学的总的线索，主体对象的第四个层次，即其中包含有一个对象，包含有我们从我们内部来理解的**意志**的层次，它与第一个层次的对象间的关系，同我在第20节中已经论述过的动机的规律与因果规律间的关系是相同的。这个真理是我的全部形而上学的基石。

关于动机的活动方式以及这种活动所遵循的必然性，关于这些动机的活动对经验的、个体的特性的依赖，甚至对个体的认识能力的依赖，等等，我请读者参阅一下我关于意志自由的获奖论文，我在其中对这个问题做了更为充分的论述。

§44　意志对于认识的影响

当理智驱使自己去重复以前曾经获得的表象，并且当理智一般地按这样或那样的倾向转变自己的注意力并且按照自己的意愿去唤起任何一系列特殊的思想时，意志对理智所施加的影响，并不是以狭义的因果关系为基础，而是正如在第42节中所表明的，是以认识主体与意志主体的同一性为基础的。并且就是在这种情况下，意志也是由动机的规律所决定，按照这一规律，意志还悄悄地支配着所谓观念的联想，我在我的主要著作第二卷中，曾用专门的一章（第14章）探讨了这个问题。这种观念的联想本身不过就是把充足理由律的四种形式运用于主体的思维过程，也就是说，运用于我们意识中的表象的呈现。然而，正是个体的意志通过驱使理智按照个人的兴趣，也就是按照个体的目的，连同理智呈现的各种表象，去回想起那些按照逻辑或类比推理，或者根据时间或空间中的近似性而与这些目的紧密相联的东西，从而使整个机制都动起来了。但是，在这种情况下，意志的活动是如此的直接，以至于在绝大多数的场合我们不能对它有清晰的意识；它又是如此迅速，使得我们甚至经常意识不到由此而唤起了表象的时刻。在这些情况下，意志的活动就好像是与其他任何东西毫无联系似的而独立出现在我们的意识之中；然而这都是不可能的，这恰恰就是充足理由律的根据，在上面提到过的我的主要著作①的章节中，我对这已

———————————

①　《作为意志和表象的世界》，第2卷，第14章。

经做了充分的论述。每一幅突然呈现在我们想象中的图画，每一个即使不是来自于在先出现的理由的判断，都必定是被一个具有动机的意志的活动所唤起的；尽管也许这个动机经常是由于没有什么意义而从我们的知觉中溜掉，尽管这种意志活动也常常同样是未被知觉的，因为这种活动的产生是如此的顺利，以至于希望与满足成了同时的。

§45 记忆

表象愈是经常地被提供给了认识主体，认识主体也就能够更为顺利地按照自己的意志去重复这些表象，认识主体的这种特殊的能力，换句话说，这种经过训练的能力，就是我所说的**记忆**。我不能赞同那种通常的观点，根据这种观点，记忆被看成是一种仓库，我们总是照自己的意愿向里面储存现成的表象材料，而又并不总是意识到去占有这些材料。对一度已经呈现过的表象的有意重复，通过实践，就会变得如此的简便，以至于一系列表象中的某一个环节只要呈现在我们面前，我们甚至经常就好像是无意识地似的立刻唤起了其余的一切环节。如果要为我们这种表象能力的特殊性质寻找一个比喻（例如柏拉图的比喻，他把这种表象能力比作一种接受和保留印象的柔软物体），我想最好就是把它比作一块布，这块布在按相同的皱折被反复折叠之后，就会自动地进入了这些好像它本身就有的皱折。身体通过实践去学习服从于意志，表象的能力也恰恰如此。一个记忆并不像那种通常的观点所假定的，始终是把同一个表象好像是从它的仓库中一次又一次地取出，相反，每时每刻都有新的表象发生，只是实践使这种发生变得特别容易。因此，便发生了这样的情况：我们想象的一些图画，这些图画我们自以为是已经储存到我们的记忆当中，却不知不觉地被修改了，就是说，当我们过了很长时间重又看到了我们很熟悉的一个对象时，我们发现它不再同我们所想象的完全一致了。而如果我们还保留着原来的表象，事情就不会是这样。也正是由于这个原因，已经获得的认识如果不去温习，就会渐渐地从我们的记忆中消失，因为记忆恰恰是对习惯和技巧进行实践的结果；所以，例如大多数学者就忘记了他们的希腊语，而绝大多数艺术家从意大利回来后，也就忘记了他们的意大利语。这也就是为什么我们发现，对我们以前熟悉的一首诗，如果有几年工夫我们不再想到它，那么要回忆起这首诗的名字或者其中的一行是多么困难，然而一旦我们成功地记忆起了这首诗，我们也就能够在一段时间内随意地再把它想起，因为我们重又实践了，因此每一个懂得几种语言的人，经常地朗读每一种语言对他将是很有好处的，这就可以保证使他占有这些语言。

同样，这也说明了为什么童年时期在我们周围发生的事物和事件给我们的记忆留下了如此深刻的印象，因为在童年时期，我们只具有少量的，并且主要是直觉的表象：这样我们就只得不断地重复这些表象以便占有它们。缺乏创造性思维能力的人一生都在做着这种重复（不仅是重复直觉的表象，而且也重复概念和文字）；因此当理智上的迟钝和懒惰还不成为障碍时，他们往往有着惊人之好的记忆力。相反，天才人物并不总是具有着最好的记忆力，例如卢梭告诉我们他本人记忆力就不是最好的。这也许可以解释为天才人物太富于新思想和联想,使得他没有去经常重复的空暇。然而总的来看,我们很少发现有天才人物的记忆力是非常之坏的,因为在这里,整个思维能力更大程度的有力和灵活弥补了不断实践的缺乏。我们也一定不要忘记,缪斯的母亲就是记忆力的人格化。因此我们可以说,我们的记忆是处在两种彼此斗争着的势力的影响之下,一方面是表象能力的能量,另一方面则是占据着这种能力的表象数量。表象能力中的能量越小,表象的数量必定也就越少,反之,表象的数量就越多。这也就说明了那些读惯了小说的人的记忆力的减弱,因为在他们那里和天才那里一样,大量的表象如此迅速地接踵而来,以致他们没有时间或者没有耐心去重复和实践这些表象;只是小说中的表象并不是读者本人的,而是别人的一些彼此迅速相继的思想和联想,而且读者本人缺乏天才人物对于重复的补偿。此外,还有待于整个加以纠正的事情就是,我们对自己感兴趣的事情记住得最多,而不感兴趣的则记住得最少。因此,伟大的人物易于在一个令人难以置信的短暂的时间内,就忘掉那些微不足道的小事,忘掉日常生活中的琐事和他与之打交道的普通人,而对于那些本身是重要的并且对他们来说也是重要的事情,他们又能奇迹般地回忆起来。

然而总的来说,不难理解的是,我们去记住那些由一种或数种前述的理由与后果的线索而联系在一起的一系列表象,比记住那种彼此间毫无联系,而只是具有遵循于动机规律的意志的表象,要更容易些;就是说,要比记住那些任意地聚集在一起的表象容易些。因为在前者那里我们先验地认识了形式的部分这一事实,就把困难解决了一半;而这也许就产生了柏拉图的学说,柏拉图认为一切学习都不过是记忆而已。

只要有可能，我们就应当力图把所有我们希望在记忆中具体化的东西，还原为可知觉的想象，不论是用直接的方法，还是用举例，用单纯的比喻，还是用类比或者什么别的方法；因为直觉的知觉掌握起来，要比抽象的思想牢固得多，更不用说单纯的文字了。这就是为什么我们对自己亲身经历过的事情要比我们读过的那些事情，有着好得多的记忆。

第八章　总的论点和结论

§46　体系的顺序

在本书中我对充足理由律各种形式的论述所采用的顺序,并不是很成体系的;我所以选用这种顺序,为的是要使论述更为清晰,为的是能够首先提出那较易于认识并且不需要其他前提的东西。在这里,我遵循了亚里士多德的原则:"有时候,学习也必须不是从有关事物的真正起点和现实开端开始,而是从最容易学习的地方开始的。"①而理由的各个层次的相继出现所应当遵循的体系顺序有如以下。首先出现的应当是存在的充足理由律,而在这里面又首先应当是它在**时间**上的运用,因为时间是一个简单的结构,它仅仅包含在充足理由律所有其他形式中本质的东西,而且也因为时间是一切有限世界的原型。然后是论述关于空间中的存在的理由,接下来将是因果规律,因果律之后将是动机规律,最后就是认识的充足理由律;因为其他层次的理由涉及的是直接的表象,而这个最后层次则涉及那些来自于其他表象的表象。

---

① 　亚里士多德:《形而上学》,第 4 卷,第 1 章。

如上所述,时间是一种简单的结构,它只包含一切充足理由律形式中的本质部分,这一真理说明了算术的绝对完满的清晰和精确的特点,这是其他任何科学都不能与之媲美的。一切科学都始终贯穿着理由与后果的统一,它们都是以充足理由律为基础的。这样,数目的序列便是简单的并且仅仅在是时间中的存在的理由和后果的序列;由于这种完满的简洁性——没有任何东西被省略,也没有任何未确定的关系留下来——不能期望在这个序列中存在任何在精确性、逻辑的必然性和清晰性上的不足。在这一点上,一切其他科学都排在算术的后面;甚至几何学也是如此;在几何学中,来自于三维空间中的关系是如此之多,以至于要提纲挈领地理解这些关系,不仅对纯粹的直觉来说,就是对经验的直觉来说也是太困难了;因此,复杂的几何学问题只有靠计算来解决;就是说,几何学只有在算术中,才能使自己本身的问题迅速解决。至于各式各样晦涩难懂的要素在其他科学中的存在,就更不必提了。

§47 时间中的理由与后果关系

按照因果律和动机律,在时间中,一个理由必定先于它的后果。我在我的主要著作中已经表明这里最为重要的本质,现在请读者参考一下这本书[①],以免我自己再把它重复一遍。因此,如果我们注意到,不是一件事物是另一件事物的原因,而是一种状态是另一种状态的原因,我们就不会让自己被康德的所提出的那种例子[②]引

---

① 见《作为意志和表象的世界》,德文第 2 版,第 2 卷,第 4、41、42 页;第 3 版,第 44 页。

② 康德:《纯粹理性批判》,德文第 1 版,第 202 页;第 5 版,第 248 页。

入歧途。康德举例说，作为使屋子变暖和的原因的炉子，是与结果同时发生的。而炉子的状态则是：炉子比它周围的媒介更热一些，它必定是在把自己的余热同周围媒介进行交换以前就存在了；这样，由于每一份空气介质在变热的时候，都为较冷介质的冲入开辟了道路，所以，直到炉子的温度与屋子的温度最终达到相等以前，第一个状态即原因，与第二个状态即结果，都是不断地被更新着。因此在这里，作为同时发生的事件，不存在任何不变的原因（炉子）和不变的结果（屋子的变暖），而只存在着一个变化的链条；就是说，只存在着两种状态的不断更新，其中的一个是另一个的结果。从这个例子我们显然可以看出，甚至康德的因果关系概念也是很不清楚的。

而另一个方面，认识的充足理由律本身则认为，在时间中并无关系可言，关系仅仅是对我们的理性而言的：因此在这里，"**以前**"和"**以后**"是没有意义的。

存在的充足理由律，就它是几何学的根据而言，这里同样不存在任何时间中的关系，在这里，而仅仅存在着空间中的关系，如果共存和连续这些字眼还不是毫无意义的话，我们在这里就可以说，一切事物都是共存的。相反，在算术中，存在的理由恰恰就是时间本身的关系而不能是任何别的东西。

§48　各种理由之间的相互作用

根据充足理由律的每一种含义都可以建立起假言判断，因为，每一种假言判断的确都最终是以充足理由律为基础，并且在这里，假言推论的法则也始终是有效的，这就是说：从理由的存在推论出后果的存在，并从后果的不存在推论出理由的不存在，这样做就是正确的；而如果从理由的不存在去推论出后果的不存在，以及从后果的存在去推论理由的存在，这样做就是错误的。然而奇怪的是，在几何学中，我们却几乎总是能够从后果的存在去推论理由的存在，并从理由的不存在去推论后果的不存在。这种情况是来自这样一个事实，如我在第37节中已经表明的，例如每一条线都决定着其余的线条的位置，因而我们从哪里开始是完全无关紧要的；这就是说，从我们认为是理由的地方或认为是后果的地方开始是完全无关紧要的。我们通过对整个几何学命题做一番考察，就很容易确信这一点。只有在当我们不仅要处理图形，即线条的位置，而且要撇开图形处理平面内容时，我们才发现在大多数场合，要从后果的存在去推论理由的存在是不可能的，或者换句话说，通过把决定者变成被决定者而进行命题转换是不可能的。下面的定理便提供了一个例证：如果两个三角形的高相等并且底边相等，那么它们的面积也就相等。但这一定理不能做如下的转换：如果两个三角形的面积相等，那么它们就有着同样相等的底边和高；这是因为，当面积相等时，高和底边可以处于反比例关系中。

　　在第20节中就已经表明，既然结果永远不能成为自己原因的原因，因果规律就不容许有相互作用存在；因此正确说来，相互作用的概念是不能接受的。依照认识的充足理由律，相互作用只有在等值的概念中才是可能的，因为只有这种概念的外延才能互相包含。除此之外，相互作用就只能产生出恶性的循环。

§49　必然性

通过自身的全部形式而体现出来的充足理由律,是一切必然性的唯一原则和唯一依据。因为**必然性**除了指当理由被确定下来时,后果的绝对可靠性外,就别无其他真实和明确的含义。所以每一种必然性都是**被规定**的必然性:绝对的,即未被规定的必然性因而也就是一个自相矛盾(contradictio in adjecto)。因为**必然的东西**只能是由既定理由而来的后果,而绝不能是别的任何东西。另一方面,如果我们把必然性规定为"不可能不是这样的东西",那就是在为它提出了一个纯粹字面上的定义,并让自己躲在最为抽象的概念后面以回避对事物做出规定。但是,既然一切存在都只是由经验提供的,那么我们探讨一下任何事物的不存在是如何可能的,甚至是如何可被设想的,就不难把自己从这种字面定义的避难所里赶出来。这样,只有这样那样的**理由**被确定下来或者呈现了,由此而来的必然性才有可能产生。于是,"这是必然的"和"这是随某一既定理由而来的",是两个可变换的概念,并且总是可以用其中一个去替换另一个。对那些伪哲学家来说是如此有利的"**绝对的必然存在**"这个概念,因而自身就包含了一个矛盾:它通过谓项"**绝对**"(即不为其他任何东西所决定)而取消了使"**必然**"可以被设想的唯一规定。这样,我们就又再次得到了一个为卖弄形而上学的花招而**滥用抽象概念**的例证,它就和我在诸如"**非物质的实体**"、"**绝对理由**"、"**一般原因**"

等概念①中已经指出的那种形而上学花招的卖弄一样。我绝不会过分地坚持一切抽象的概念都是受**知觉**制约的。

与充足理由律的**四种**形式相一致，存在着一个**四重**的必然性：

1.依照于认识的充足理由律的**逻辑的必然性**。根据这种必然性我们一旦承认了一个前提，我们就必须完全承认它的结论。

2.依照于因果规律的**物理学的必然性**。根据这种必然性，只要一个原因把自身呈现出来，必定就有结果确定无疑地相伴随。

3.依照于存在的充足理由律的**数学的必然性**。根据这种必然性，在一个真实的几何学定理中所表述的每一种关系，都是由该定理而证实其为然的，并且每一个正确的计算都保持着无可辩驳的性质。

4.**道德的必然性**。根据这种必然性，只要一个动机把自身呈现出来，每一个人，甚至每一个动物，都**不得不**去做与生物个体的固定不移的本性相符合的事情。因此，这种行动是跟随着它的原因而出现的，就像其他任何结果一样确实可靠，虽然在这里，指出这是一种什么样的结果不像在其他场合那么容易，因为我们很难推测和全面认识个体经验的特性及其固有的认识范围，这的确与我们查明中性盐的化学性质以及断定它的反应式，是一件完全不同的事情。我必须反复强调这一点，因为一些傻瓜和笨蛋，为了他们那种老太婆哲学的利益，在向如此众多的大思想家一致同意的权威挑衅时，还在鲁莽地主张着与此相反的论点。我不是哲学教

---

① 关于"非物质的实体"，参见《作为意志和表象的世界》，德文第 2 版，第 1 卷，第 551 页以下；第 2 版，第 582 页以下。关于"绝对理由"，见本书第 52 节。——编者

授,的确,我应当尊从他人的愚蠢。

§50　理由和后果的序列

　　按照因果律,决定者本身也总是被决定的,并且,被决定者同样也总是决定者;因此,从"之前"的方面看,便产生了一个无限的序列。这同空间中的存在的理由恰好是一样的:每一个相对的空间都是一个图形;这个图形有着自身的界限,它通过这些界限而同另外一个相对的空间联系起来,并且这些界限本身又决定着另一个这样的图形,如此类推而无限地贯穿于所有维度。但是,当我们考察一个单个的图形本身时,原因和结果的序列就有了终点,因为我们是从一个既定的关系开始,这就像如果我们随意地在任何一个特殊原因那里止住,原因的序列就达到了一个终点一样。在时间中,由于每一个时刻都是由前一个时刻所决定,并且每一个时刻都必然地会产生出以后的时刻,所以存在的理由的序列从"之前"和"之后"这两方面来说都是无限地延伸的。因此时间既没有起点,也没有终点。另一方面,认识的理由的序列——即一个判断的序列,其中每一个都为另一个提供了逻辑的真理——却总要在某一个地方终止,就是说,不是在经验的真理中终止,就是在超验的真理中终止,再不然就是在超逻辑的真理中终止。如果我们到达的作为大前提的理由是一个经验的真理,并且如果我们还继续追问**为什么**,这时候,我们所问的就不再是我们所要求的认识的理由,而是一个原因——换句话说,认识的理由的序列就过渡到了生成的理由的序列。但是如果我们的作法相反,就是说,如果我们让生成的理由的序列过渡到认识的理由的序列，以便使生成的理由序列达到一个终点，那么这就绝不会是由事物的本性，而总是由一个特殊的目的所造成的：因此这是一个骗局，并且这是以本体论证明的名称而为诡辩论所熟知的。因为当一个原因借助于本体论证明看来是如愿以偿地停顿下来以便使自己成为**第一**原因时，它就会发现，因果规律却不会这样容易地就停顿下来，它还在坚持追问着"**为什么**"：于是，这第一原因就被简单地抛到了一旁，并且一种从远处看与它颇为相像的认识的充足理由律便取它而代之；这样，认识的理由便占据了那被追问着的原因的位置——这是一个来自于本身还有待证实的概念的认识的理由，因而它的真实性是尚有疑问的：而且，由于这种认识的理由毕竟是一个理由，这样它也就必须表现为一个原因。当然，这个概念是为了这种目的事先就安排好了的，并且仅仅是为了面子而把点缀上了一点小零碎的真实性置入其中，以便造作出在这个概念中发现了真实性时的那种惊喜——正如在第7节中就已表明的那样。另一方面，如果一个由判断构成的链条完全是以超验的或超逻辑的原则为基础，并且我们依然继续追问"**为什么**"，我们最终就会得不到任何回答，因为问题本身就毫无意义，也就是说，它不知道它所追问的究竟是哪一种理由。

充足理由律是**一切解释的原则**：对**一件事物加以解释**意味着把它的既定存在或者联系归结为充足理由律的这样那样的形式，这种存在或联系依照充足理由律的形式而成为其所必然是的东西。而充足理由律本身，即借助于充足理由律并在充足理由律的任何一种形式中而表达的联系，却因此而不能再做更进一步的解释；因为并不存在可以用来解释一切解释的根源的原则，这就像眼睛虽然能够看到一切事物，但却看不到自己本身一样。当然，动机的序列是存在的，因为要达到一个目的的决断变成了决意使用整个一系列手段的动机，然而这个序列必然先验地在属于我们前两个层次之一的一个表象那里终止，这里是具有最初使属于前两个层次之一的个体意志活动起来的力量的动机之所在。动机能够使个体的意志活动起来这个事实，是这里提供的去认识经验特征的一个材料，但是要回答为什么一个特殊的动机会对一个特殊的经验特性发生影响的问题是不可能的；因为理智的特性是处于时间之外，并且永远不能成为对象。因此，动机的序列本身就在某个这种最终的动机中找到了自己的归宿，并且按照其最后的环节的性质，或者转变成为原因的系列，或者转变成为认识的理由的序列：这就是说，当最后的环节是一个真实的对象时，动机的序列就转变为因果的序列；而当最后的环节是一个单纯的概念时，动机的序列就转变成了认识的理由的序列。

§51　每一科学都具有某种居优先地位的充足理由律形式，以此作为它的指导性线索

由于"**为什么**"这个问题总是要求有一个充足的理由，也由于"为什么"这个问题使概念按照把科学与观念的单纯堆积区分开来的充足理由律而联系起来，所以我们把"**为什么**"称作一切科学之母（第4节）。而且我们还发现，在每一科学中，都有着某种处于主

导地位的充足理由律形式作为这门科学的指导性线索。这样,纯
数学中的主要的指导性线索就是存在的理由(尽管数学证明的展
示仅仅是按照认识的理由而进行的);因果规律与存在的理由看来
都是应用数学中的主要的指导性线索,但是在物理学、化学、地质
学等等学科中,则是因果规律完全起主导作用。从认识的方面看,
充足理由律得到了遍及一切科学的强有力的运用,因为在一切科
学中,特殊都是通过一般性被认识的,而在植物学、动物学、矿物学
和其他的分类科学中,作为主要的指南并且绝对居主要地位的又
是特殊。当我们把一切动机和行动准则,不管是什么样的动机和
准则,都看作是对行动进行解释的材料时,动机(**动因**)的规律就成
了在历史学、政治学、符号运用学等学科中的主要的指导性线
索——而当我们从动机和行为准则的起源和价值的角度而把它们
当作研究的对象时,动机规律又成了伦理学的指导性线索。在我
的主要著作中将可以找到根据充足理由律而对各门科学所做的最
重要的分类①。

§52　两个基本结论

我在本书中力图表明,充足理由律是一种通用的表达方式,它
代表了四种完全不同的关系,其中每一种关系都依据于一个先验
地被给予的特殊规律(充足理由律是一个先天综合原则)。这样,

---

① 见《作为意志和表象的世界》,德文第 2 版,第 2 卷,第 12 章,第 126 页;第 3
版,第 139 页。

按照**归同法则**,我们不得不假定:借助分异法则而发现的这四条规律,由于它们可以被同一个术语而一致地表达出来,因此它们必然来自我们整个认识能力的同一个原始性质,这种原始性质作为它们共同根源的来源,必然是作为其共同根据的我们整体的认识能力。我们因而也就必须把这种原始性质看成是我们意识对象的一切依赖性、相对性、暂时性和有限性的最内在的根源——而我们意识本身又受到感性、知性、理性、主体和对象的制约——或者,必须把这种原始性质看成是这样一个世界最内在的根源,这个世界被天才的柏拉图曾反复地贬斥为"老是产生和消逝,其实却永远没有存在",而对这个世界的认识,按照那种被我规定为是一切有限性的最简单的结构和原型的充足理由律形式(时间),则是一个单纯的"凭借无理性知觉的观念①",基督徒凭借正确的直觉,把这个世界称为非永恒的**尘世**。总的说来,充足理由律的基本含义可以还原为:不论时间还是空间中存在的每一事物,都是**以其他事物为理由**而存在的。然而,充足理由律在自身的一切形式中都是一个先验的东西:这就是说,它的根源存在于我们的理智之中,因此,它绝不能被用之于现存事物的总体,不能被用之于宇宙,包括使充足理由律得以在其中把自身呈现出来的理智。因为像这样一个借助于先验形式而使自己呈现出来的世界,恰恰因此而是一种单纯的现象;所以,作为这些先验形式的结果而适用于这个现象的东西,却不能用之于这个世界本身,即不能用之于自在之物,以及这个世界的表象本身。因此我们不能说,"现象中的世界和万物是以其他的

---

① 柏拉图:《蒂迈欧篇》,第 5 章。

事物为理由而存在的"，这个命题恰好就是宇宙论的证明。

如果我通过本书而成功地得出了上述结论，那么在我看来，每一个根据充足理由律做出结论或者多少提到了充足理由律的思辨哲学家，都必须区分出他所谓的理由到底是哪一种。假如一个人设想任何时候每一个问题都总有一个理由，那么这是理所当然的，并且一切混乱也就因此而成为不可能。然而，我们屡见不鲜的却是把理由和原因这两个术语不加区别地混淆使用；我们充塞于耳的是一般地谈论什么基础的和被建立的、决定的和被决定的，原则和根据原则的，而无任何更进一步的规定。这也许是由于存在着一种私下的看法，认为这些概念的使用是没有一定之规的。因此，就连康德也把自在之物说成是现象的**理由**或根据，他讲到一切现象的**可能性的根据或理由**①，讲到现象的**可理解的理由或可理解的原因**，讲到一般的感性序列的可能性的一个**不可认识的理由**②，讲到作为一切现象的根据的**超验对象**，以及我们的感性为什么应当以这个先验对象而不是别的东西为最重要的条件的**理由**③，如此等等不一而足。在我看来，所有这一切都与康德那些重要而深刻，而且是不朽的言论④并不相符合的，他说过，事物的偶然性⑤本身是一种单纯的现象，并且只能导向决定现象的经验的复归。

---

① 康德:《纯粹理性批判》，德文第 1 版，第 561、562、564 页；第 5 版第 590 页。

② 同上书，第 1 版，第 540 页；第 5 版，第 592 页。

③ 同上书，德文第 5 版，第 641 页。

④ 同上书，德文第 1 版，第 569 页；第 5 版，第 591 页。

⑤ 在康德看来，经验偶然性的意思是指它本身也同样依赖于其他的事物。关于这一点，请读者参阅我的《康德哲学批判》，德文第 2 版，第 524 页；第 3 版，第 552 页中我所做的有关批判。

　　既然自从康德以来，理由和后果、原则和根据原则的东西等等概念就已经并一直在较为不确定甚至是在超验的意义上被使用着，那么大家就一定知道，近来有关哲学的著作对康德是了解的。

　　下面是我对这种乱用**根据**（理由）这个字眼，以及由此而来的乱用充足理由律的一般含义而进行的反驳；这也就是本文提出的同第一个结论密切相关的第二个结论，它涉及的是这个结论的主体内容。我们认识能力的四种规律，由于它们共同的特征，也由于主体的全部对象都在它们之中被划分，而以充足理由律作为它们共有的表达。认识能力的这四种规律表明，它们本身是被同一个我们认识能力的原始性质和内在本性所规定的，这种能力把自己表现为感性、知性和理性。因此，假使我们设想产生一个新的第五个层次的对象是可能的，那么在这种情况下，我们就同样必须假定充足理由律将以一种不同的形式在这一层次中出现。但尽管如此，我们依然无权去谈论什么**绝对的理由**（根据），而且就像不存在什么"**一般的三角形**"一样，作为借助于推论反思而得到的"**一般的理由**"的概念也是不存在的，这种概念作为来自于其他表象的表象，也不过就是将许多事物合而为一的思维手段。于是，正如每一个三角形不是锐角的，就是直角的，再不然就是钝角的，或者不是等边的，就是等腰的，再不然就是不等边的一样，每一个理由都必定是属于我所提出的四种可能的理由中的一种。并且，既然我们只有四个做出了明确划分的对象层次，并且此外就不可能还有什么层次，理由本身也就只能把自己列入这四个层次之内，理性本身也就只得把自己列入这四个层次之内；因为只要我们运用了一个理由，我们就假定了有四个层次和进行表象的能力（即世界整体），并且必须把我们自己限制在它们的范围之内,而不能超越它们。然而,假使有人用不同的眼光来看待这个问题,并且认为"**一般的理由**"不过就是一个来自于这四种理由并体现了它们的共同性的概念,那么,我就要重提唯实论和唯名论的争论,并且我自己将要站在后者的立场上。

图书在版编目(CIP)数据

充足理由律的四重根/(德)叔本华著;陈晓希译. —北京:商务
印书馆,2022(2023.3重印)
 ISBN 978 - 7 - 100 - 20802 - 4

Ⅰ.①充… Ⅱ.①叔… ②陈… Ⅲ.①叔本华(Schopenhauer,
Arthur 1788-1860)—哲学思想 Ⅳ.①B516.41

中国版本图书馆 CIP 数据核字(2022)第 035974 号

充足理由律的四重根
〔德〕叔本华 著

陈晓希 译

洪汉鼎 校

商 务 印 书 馆 出 版
(北京王府井大街 36 号 邮政编码 100710)
商 务 印 书 馆 发 行
北 京 通 州 皇 家 印 刷 厂 印 刷
ISBN 978 - 7 - 100 - 20802 - 4

2022 年 5 月第 1 版　　　　　开本 850×1168 1/32
2023 年 3 月北京第 3 次印刷　　印张 6¼
定价:45.00 元